柳楽優弥

やぎら本

30th ANNIVERSARY BOOK

YUYA YAGIRA _YAGIRABON

はじめに

柳楽優弥です。
「礼に始まり礼に終わる」ということで、はじまりのご挨拶です。

『やぎら本』を手に取っていただき、ありがとうございます。

俳優として、いろいろなキャラクターを演じているので、
「いったいどれが本当の柳楽なんだ？」と思われる人がいるかもしれません。
この本の中にいる僕が、普段どおりの柳楽です。

これまでは「俳優たるものプライベートは隠すべき」と思っていましたが、
皆さんのおかげで30歳を迎えることができたので、
思い切って素の人となりをお見せする本を作りました。
これを読めば、僕のことがほとんどわかります。

地元、ベッドタイム、台湾、ニューヨーク、プライベート、
30歳の誕生日当日など1年かけて撮り下ろした写真、
自分の日記、パーソナルヒストリーや、
会いたかった人たちとの対談まで、
「柳楽てんこ盛り」です。

ぜひ、お楽しみください。

CONTENTS

宝くじ

HOMECOMING

photographs by MASAMI SANO

COACH JACKET

あぶないから

子供の頃は好奇心旺盛。積極的にいろんなことを試すタイプだった。

—ここでは柳楽さんの生い立ちについてお聞きできればと思っています。「HOMECOMING」の撮影で柳楽さんの故郷を訪れましたが、生まれも東大和市ですか？

「そうですね。撮影で久しぶりに行きましたけど、友達のお母さんに偶然会ってびっくりしました（笑）」

—一番古い記憶ってなんですか？

「えー、なんだろう。『外界が明るい！』みたいな？」

—いや、生まれた瞬間の記憶じゃなくて（笑）。

「そうですよね（笑）。僕、安室奈美恵さんが好きだったんですけど、小学校1年生の時に、先生から『知らない人について行っちゃダメです』って言われて、『安室奈美恵ならついて行くよ』って言ったのが一番古い記憶かな。女性の先生だったんですけど、『確かにね』みたいな反応でした。当時はいっぱい好きな人がいて、その先生のことも好きだったんです」

—小学生以前の記憶はないですか？

「あんまり覚えてないんですけど、家族でよく旅行に行っていましたね」

—子供の頃はどんな性格だったんですか？

「身体を動かすことが大好きな〝元気いっぱい君〟でした。両親が共働きだったので、近所に住んでるじいちゃんばあちゃんに見てもらう時間が長かったんです。これはおじいちゃんから聞いたんですけど、おもちゃ屋さんに行って、『これが欲しい』って小さい付属品を買ってもらったあとに、『これを使うには、こっちの本体がないとダメなんだ』って、大きいおもちゃも買ってもらっていたみたいです。詐欺師みたいなことをやってました（笑）」

—頭がいいですね（笑）。

「すごくかわいがってもらいましたね。母は不動産の仕事をしていて、宅地建物取引士の資格を持っていたんです。毎日、母が家で間取り図を見ている姿を見てカッコいいなと思っていたから、僕が家で台本を読むのが好きなのは、その影響があるのかもと思います。あと、おばあちゃんが書

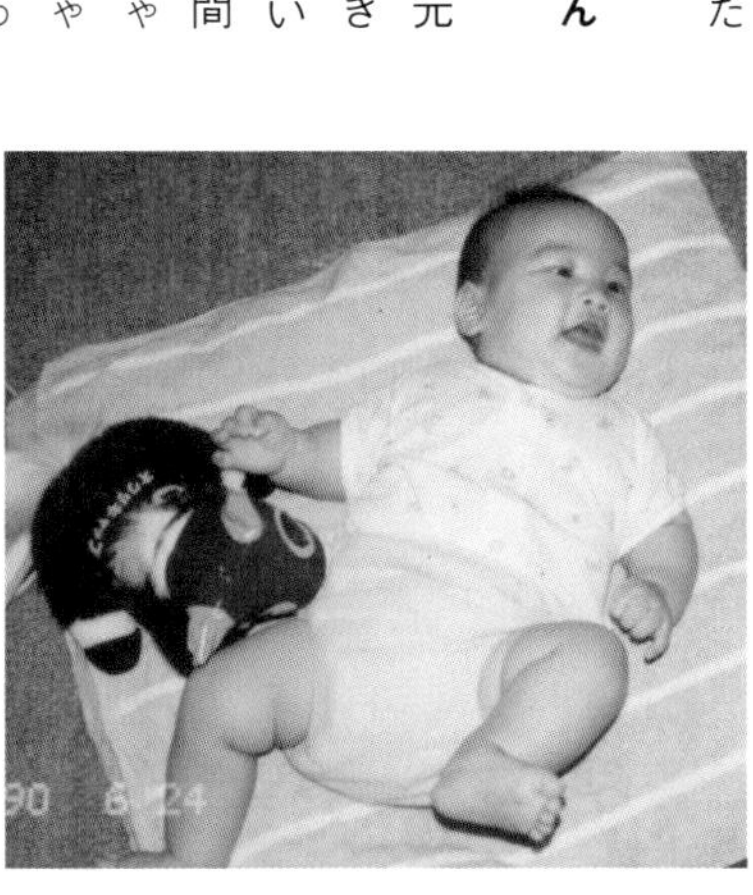

（右）「1990年6月24日、生後3ヵ月の写真。オグリキャップの人形と一緒ですが、記憶はありません（笑）」

（左）「おめかししてお出かけの写真。1、2歳かな」

（右）「3歳。仮面ライダーになりきっています。たくさんある変身ポーズ写真の中の1枚」

（左）「4歳です」

道の先生だったので、習字も習ってました。でも、僕は字がうまくなかったから、あんまり楽しくなくて。向いてないと思って、すぐ辞めちゃいました。負けず嫌いなんですよね。それで、得意な水泳を習ってたんですけど、小学生の時にサッカーのほうがやりたくなって、サッカーに変えました」

――小学生の時の柳楽さんは、クラスの中でどんな立ち位置でしたか？

「わりと元気なグループってあるじゃないですか。10人ぐらいで集まってサッカーやったりするグループがあったんですけど、喧嘩が強いリーダーのまわりに頭脳派みたいなのがいて、僕はその中のひとりでした」

――柳楽さんはボソッと面白いことを言う方だという印象なんですが、クラスメイトを笑わせたりしていましたか？

「下ネタが好きだったから、よく言ってました。それで、けっこう笑ってくれる人はいましたよね。たまに『うるさいぞ』って先生に怒られたりして」

――通信簿の性格が書かれる欄には、なんて書かれていましたか？

「通信簿とかやめてくれって思ってましたから、あんまり覚えてないです（笑）。僕、国語と体育の成績がめちゃめちゃ良かったんですよ。でも、それ以外はダメだったんで、ほんと見せたくなかった。確か、好奇心旺盛で積極的にいろんなことを試すタイプだったから、『場面によっては冷静になりましょう』みたいなことを書かれていた気がします」

――突っ走っちゃうタイプだったんですね。

「そう。まわりを盛り上げようと思って、やろうとしちゃうところがあるんでしょうね」

――子供の頃に夢中になっていたものはなんですか？

「テレビだと『（志村けんの）バカ殿（様）』とか、『GOOD LUCK!!』。ドラマは大好きで、中学では『WATER BOYS』にハマりました。あと、映画ですね。家族が映画好きだったので、週末はよく一緒に観ていて、『ホーム・アローン』とかメジャー作品を観るのが楽しみでした。友達とみんなで自転車に乗って、立川の映画館へ『ドラえもん』を観に行く、みたいなこともやってましたね」

――特に好きだった映画はなんですか？

「『天空の城ラピュタ』かな。ジブリ作品は全部観てましたけど、『ラピュタ』は圧倒的に好きでした。テレビでやってたのをビデオに録って、（擦

「5歳の時、山梨県へお墓参りに行って、親戚の家の犬と散歩をしているところ。写真好きのおじいちゃんが撮ってくれました。この犬が大好きだったな」

「5歳。新潟の海水浴場にて」

り切れて）観れなくなるくらい何度も観ていました。飛行石に憧れて似た石を持ってましたし、ビニールを何枚か持てばベランダから飛べるんじゃないかって、やろうとして怒られたりして（笑）。影響を受けやすいタイプなんですよ。仮面ライダーのポーズをしている写真が多いから、なりきるのが好きだったんですよね。『僕もなれる』みたいな。あと、中学生の時だったと思うんですけど、『タイタニック』には衝撃を受けました。すっごく感動したんですよね」

――音楽はどうですか？

「親が宇多田ヒカルさんのCDを車でずっとかけていたので、小学生の時からずっと好きですね。『SAKURAドロップス』とか、『誰かの願いが叶うころ』とか、今でも聴くと自分の世界に入っちゃいます」

――将来の夢はなんでしたか？

「サッカー選手になりたかったです。当時はJリーグがすごく盛り上がっていて、サッカーをやる友達が多かったんですよ。『僕もやりたい』って、サッカーチームに入ったんです。けっこう強いチームで、都大会とか出てました。でも、都大会に行った瞬間に、めっちゃ試合のレベルが上がって。175㎝ぐらいある小学生がキーパーだったりするから、僕はフォワードだったんですけど、（ゴールに）入んないんですよ。『ああ、東京ってすげえな』って思いましたね。僕も東京なんですけど、端だから。『東京の本気を見た』って感じました（笑）。そこで壁にぶつかって、どうやって点を決めていくかを考えるようになりました」

――中学校に入って、何か変化はありましたか？

「部活はまたサッカー部に入ったんですけど、中学には1個上の学年にめちゃくちゃカッコいい番長がいたんですよ。カリスマ性があって、ヤンキーだけど頭が良くてモテる人で。僕は中1でその人に憧れて、携帯電話（の機種）を真似していました。見かけは〝長ランにドカン〟だったので、服装は真似できなかったんですよね（笑）」

――中学に入ってすぐに芸能界に入られますが、興味を持ったきっかけは？

「同級生の女の子が昼ドラに出ていたんですけど、週末にサッカー部の5人ぐらいで、つっちーという友達の家に行って、そのドラマを観たんです。その時、みんなで爆笑したんですよ。ちょっと恥ずかしいけど嬉しい……みたいな感じで、『なんだよぉ、これぇ』って。そこで、『これだ！ これを僕もやらないと』と思ったんです」

――どういうところに「これだ！」と思ったんでしょうね。

「一番は、みんなのリアクション。『めっちゃ笑ってんじゃん』と思ったし、僕もたぶん楽しかったんですよ。『この空気、いいなあ。テレビを観てる側の人たちって、こんなに盛り上がるんだ』って」

――よくインタビューで「芸能界入りしたのは、まわりを笑わせたかったから」とおっしゃっていますが、芸人さんみたいにゲラゲラ笑わせたいということではないんですね。

「そうですね。みんなでテレビを観てるんだけど、なんかこう……ピー

友達みんなで同級生が出ているドラマを観て、「これだ！ これを僕もやらないと」と思った。

「小学5年生の時。オーストラリアにいる知人の乗馬クラブへ行って、生まれて初めて裸馬に乗りました。左に写っているのは、当時僕が好きだったテンシーちゃん」

(右)「小学6年生の時の、都大会の試合。PK戦でボールが入らず負けてしまいました」

(左)「小6です。鹿島アントラーズの試合を見に行った時、トイレの場所に迷ってジーコさんとバッタリ。2ショットを撮ってもらいました。このユニフォームには選手10人ぐらいからもらったサインが書いてあります」

スな空気があって。あの不思議で面白い雰囲気が超楽しかったから、僕も観ている人をあんな感じにしたい、みたいな。それで、母親に頼んで事務所に応募してもらったんです」

―そして、今の事務所に所属されるんですね。

「でも僕、最初はスターダストプロモーションを落ちてるんですよ。『絶対スターダストの人が見落としてる』と思って、何回か履歴書を送ったんです。そしたら受かったから、やっぱり見落としてたんだと思う(笑)。あと、同じタイミングでジャニーズ事務所にも履歴書を送りました」

―ええっ。そうなんですか？

「SMAPファンだったし、けっこう本気でアイドルを目指してたので、もともとはジャニーズに入りたかったんですよ。でも、履歴書を出した1年後くらいに一次審査の合格通知が来たから、行けなかったんですよね。『もうスターダストに入っちゃってるよぉ』って」

―じゃあ、先にジャニーズ事務所に合格していたら、アイドルになっていたかもしれないんですね。

「ほんとですよ。薮(宏太)は高校の同級生なので、タイミング的にHey! Say! JUMPにいたかもしれないです(笑)。ジャニーズの知り合いが多いのは、僕がほんとに好きだからなんですよね」

―事務所に所属してからは、どんなことをするんですか？

「演技レッスンとダンスレッスンをしていました。『寿限無』を覚えて滑舌の練習をしたり。でも、ダンスは向いてなかったです。大きい会場でダンスの発表会をするんですけど、間違えまくるんですよ(笑)」

―レッスンは楽しかったですか？

「なんか不思議でしたね。まわりは年上のカッコいい人が多くて、一緒にレッスンを受けながらもライバルだっていうことじゃないですか。『うわ、この人たちもオーディションにくるってことだよな』と思って。もちろんみんなフレンドリーだし、僕は年齢が低いからかわいがってもらえたんですけど、その空気は慣れなかったですね」

―初めての仕事のことは覚えていますか？

「レッスンの先生から『100回オーディションを受けても受からないのが普通だから、落ちてもショックを受けないでください』みたいなことを言われていたんですよ。でも、一番最初に受けたオーディションはHONDAのバイクのCM(03年)で、ラッ

「母が撮った2003年夏の写真。この時期まで『誰も知らない』の撮影をしていました」

「フランス映画祭横浜2004のオープニングセレモニー。エマニュエル・ベアールから、ほっぺにチューされてびっくり。いい匂いでした(笑)」

キーなことに受かったんです。それが生まれて初めての仕事で、鹿児島ロケに行きました。ドキドキでしたけど、スタッフさんが優しくしてくれたことを覚えています」

──そして、初めて受けた映画のオーディションが『誰も知らない』(04年)だったんですね。

「そこには是枝(裕和)さんもいたんですけど、話すことが得意じゃなかったので、自分のことも全然説明できてなかったと思います。『サッカー好きです……』みたいな感じで」

──受かった時はどんな気持ちでしたか?

「めっちゃ嬉しかったです。いきなり映画のオーディションに受かってすごいなと思いましたけど、『誰も知らない』は1年ぐらい撮影して、そのあとも公開まで1年ぐらいあったので、そのあいだに受けたオーディションはいっぱい落ちました」

──『誰も知らない』の撮影は、台本を渡されずに是枝監督から口頭でシチュエーションを伝えられたそうですね。

「12、13歳の時に撮影したから、台本を読んでも意味がわからなかったと思います。現場での是枝さんはすごく優しくて、楽しかった記憶しかないですね。演技プランなんてもちろんないし、『演技とは、こういうふうに監督から言われたことをやるってことなんだ』と思ってました」

──完成した作品を観た時はどう思われましたか?

「どういう気持ちで観ればいいのか、わからなかったです。ほんとに自然体でいた現場なので『あ、これも撮られてたんだ』っていう場面も多かったですし、全然客観的な目で観られなかったですね」

カンヌ国際映画祭の授賞式の時は、中間試験で日本に帰っちゃってました。

──第57回カンヌ国際映画祭のコンペティション部門に出品されましたが、当時の思い出は?

「ヨーロッパにこんな大きい映画祭があったんだって、びっくりしました。初めてのフランスだったんですけど、助監督さんが手作りで〝遠足のしおり〟みたいな物を作って、みんなに配ってくれたんですよ。すごく楽しかったですね。授賞式の時は、中間試験で日本に帰っちゃってたんですけど(笑)」

──柳楽さんは史上最年少で最優秀男優賞を獲って、是枝監督が代理でトロフィーを受け取ったんです

「2005年2月22日。カンヌ国際映画祭のトロフィーを持って、自宅で記念撮影」

よね。
「すごく嬉しかったです。ラッキー！って感じでした」

——その後、世界中から注目を浴びて、国内外のメディアで取り上げられました。どんな感覚でしたか？

「面白いなって感じてました。『ああ、こんなに一気にテレビに出られるんだ』って思ったし、なんか自分のことじゃない感じがありましたね」

——俳優を始めてからの中学校生活は、どんな感じでしたか？

「サッカー部は辞めました。『誰も知らない』が公開される前もドラマとかCMに出ていたので、先輩から『お前、誰々と会ったんでしょ』とかつめられて、怖いんですよ（笑）。ドラマを観てもらえるのは嬉しいことなんだけど、連絡先を聞かれたりするから、『携帯壊れちゃって』とか、かわし方を覚えていきました」

——高校受験はどうされたんですか？

「じいちゃんばあちゃんが教育熱心で、大学まで行けって言われてたんですけど、受験勉強するのが本当に嫌だったんですよ。でも、中2で映画に出られたから、『あれ？ 僕、推薦で行けるんじゃないか？』と思って。ずる賢いところがあるんですよね（笑）。それで、堀越高等学校に入れたから、良かったです」

——高校はいかがでしたか？

「俳優とか芸能に関わる仕事をしている人が通うトレイトコースに入ったんですけど、中学校でサッカーだけやってた環境とは全く違って、生まれた時から芸能に関わっている人や、それこそアイドルや歌舞伎俳優が同級生にいるんですよね。クラスに自分より（演技が）うまい人や詳しい人がいっぱいいるのは刺激的でした」

——そこで、芝居や俳優業について認識し直した部分もあったりしましたか？

「そうですね。みんな学生なんですけど、その一方でしっかり芸能の脳みそがあるし、仕事もしていて。互いにうらやましいと感じたり感じられたりすることもあるから、不思議でしたよ。僕も友達が人気のドラマに出てると『こういうのに出たいな』と思ったり、『もっとうまくなりたい』っていう意識になったりしました」

——どんな学校生活を送っていたんですか。

「楽しかったですよ。同じクラスだった若葉竜也くんと薮と僕の3人で仲が良くて、学食で一緒に食べたり、カラオケ行ったり、ずーっと一緒にいました。あと、バンドを組む……というか、軽く曲を作ってスタジオで弾いたりもしてましたね。ギターの練習もしたんですけど、竜也のほうがうまいから、僕はボーカルをやったり、写真を撮ったりしてました」

——奥様と出会ったのも高校ですよね。

「そうですね。高2の頭に『つきあってください』って言って、初デートがローリング・ストーンズの東京ドーム。やばいですよね（笑）。ちゃんと自分でチケットを買って行きました。でも、僕が3年になると、（学年が1つ上の）向こうは卒業しちゃうじゃないですか。それで、つまらなくなって堀越を辞めちゃって。クラーク（記念国際高等学校）っていう別の高校を卒業しました。そこも芸能関係の人が多い学校だから、2つ制覇したんですよね（笑）」

——ははははは。

「〝制覇〟とか言っちゃってるところがアホなんですけど（笑）。全然制覇じゃないのに」

——彼女から何か影響を受けた部分はありましたか？

「映画とか舞台を本当にたくさん観る人で、作品の見方や捉え方が、すごく面白いんですよ。それまで僕が観てたのはランキングで1位から3位に入るようなメジャー映画ばかりだったんですけど、彼女の影響で、社会派な作品とか昔の名作も観るようになったんです。それから、とにかくいろんな作品をたくさん観たので、アイデンティティというか、〝自分の好み〟みたいなものを20代で探れたことは、すごく大きかったです」

——俳優として生きていこうと決心がついたのは、『誰も知らない』の時期ですか？

「いやいや、その時はまだ俳優を続け

（世界中から注目を浴びて）
自分のことじゃない感じがありました。

ていこうなんて考えてなかったから、『どうやったら人気者になれるんだろう』とか、『どうやったら憧れの木村拓哉さんみたいな雰囲気になれるんだろう』とか、そういうことしか考えてなかったと思います。でも、最近『星になった少年 Shining Boy & Little Randy』(05年)でお世話になったスタッフさんに会ったんですけど、現場で『どうやったら演技がうまくなるんだー！』って言ってたらしいんですよ」

―そうなんですね。

「全然覚えてないんですけど、『うまくなりたい』っていう意識があったんだなと思って。求められてるものに応えられてないということはさすがにわかるので、できないのが悔しかったんでしょうね。『誰も知らない』みたいに台本がない状態で演技をするのが正しいやり方だと思ってたけど、他の現場では台本を覚えて演技をしなきゃいけない。演技ができるキャラだと思われてるのに、普通の演技のやり方がわからない。今思うと、その軌道修正をする数年間は精神的にきつかったですね」

―自分の理想像に現実が追いつかないと、引き裂かれる感じがあるでしょうしね。

「まさにそれです。『ああ〜っ！』みたいな。『こんなんじゃないのに……』って。まあ、そういう時はいつも〝ポジティブ柳楽〟が出てくるんですけどね（笑）。たぶんどこかに異常な前向きさがあるので、それで救われてる部分があって。人の格言が好きなんですけど、『乗り越えられない壁はない』みたいな言葉がポーンと浮かぶんですよ。僕は壁を乗り越えられるってことだな、みたいな（笑）。でも、頑張ってはみるものの、どうやったら演技がうまくなるのかわからないし、どうせ僕なんてって、自分を責めるようになってしまって。いっぱいいっぱいになって『無理やーん』ってリセットされてしまったんですよね」

―2008年頃に仕事を中断されていたのは、少し休もうと思ったからなんですか？

「いや、もう完全に、太っちゃって仕事が減ったからです（笑）」

―どうして太ってしまったんでしょう。

「単純に食べすぎていたからです（笑）。仕事が減っても気にせずに、ずっと食べてたんですよ。僕、その時、ミッキー・ロークに憧れてたんです。『レスラー』のミッキー・ロークって、すごく体格がいいじゃないですか。『でっかいの、いいじゃん』って思ってたんですよね」

―その後ダイエットされますよね。

「さすがに、ちょっと太りすぎだなって感じたんでしょうね。このままじゃ仕事がこないぞ、と我に返って（笑）、ボクシングとか、いろいろ始めました」

―二十歳になった時、何か思うことはありましたか？

「19歳で結婚してるので、大人になったという感覚はなかったんですけど、『とにかく20代で俳優としてのしっかりした地盤を固めたい』ということは、二十歳の時に強く感じました。武道を習い始めたのも二十歳だし、イメージするだけじゃなくて、積極的に行動をしていかないと、って」

―2010年にはアルバイトを始められますね。

「俳優の仕事が少なかったので、車のディーラーの裏方と、飲食店のアルバイトをやりました。16歳ぐらいからずっとバイトをしてみたかったので、このタイミングで経験できて良かったです。その時、超ストイックだったんですよ。バイトをしながら武道の道場に行って、稽古が終わったらバイトに戻って、オーディションが入ったら行く、みたいな」

―まさに分刻みのスケジュールで

（右）「『星になった少年』の撮影に入る前、象使いのライセンスを取るためにチェンマイの山奥で10日間訓練をしました。隣の象使いさんは、溺れている僕を助けてくれた命の恩人です」

（左）「『星になった少年』のロケをしたタイから帰国して、しばらくしてからの写真。スチールカメラマンさんに向けてカメラを構えるポーズ」

アルバイトからは学ぶことしかなかった。

「15、16歳の時、ベッカム選手と」©STARDUST PROMOTION, INC.

すよね。

「もう、超忙しいっすよ（笑）。現場よりも忙しい。でもバイトするのは大好きだったし、学ぶことしかなかったから、感謝しかないです。20代前半に経験できて本当に良かった」

──アルバイトをしてみたかった理由は？

「ウィキペディアで先輩の俳優を調べると、大学のサークルで演技の勉強しながらバイトしてたみたいなことが書いてあったりして、『自分もやらないと』って思っていたんです。自分の中の特技というか、僕らしいものがないと、この業界で残っていけないと思ったんですかね。もちろん、その経験をしていれば残れるって訳じゃないんですけど。それに、子供の頃から芸能界にいるので、感覚がずれていたらどうしようっていう心配があって、常識を学んでバランスを取らないといけないって、自分なりに考えていたのかも」

──人間としてのモラルということですよね。

「そうですね。でもこれは、僕なりのモラルの発見の仕方なんで。ここで存在していく上で押しつぶされないように、自分の中で防具を増やしていく、みたいな。『ドラゴンクエスト』でいう経験値ですよね。先日ニューヨークに行った時に現地のレストランでお手伝いをしたら、けっこうスムーズにできたので、ああ、やってて良かったと思いました。アメリカの接客は日本より厳しいですから、ここでしっかりお客さんと接することができたら、どこでやっても問題ないなって」

──「もうどこ行ってもいけるぜ」っていう。

「そうそう。そういう自信を、ひとつずつ積み重ねていかないとって思ってますね」

──仕事における気持ちのモヤモヤは、いつ頃乗り越えたんですか？

「蜷川幸雄さんの『海辺のカフカ』（12年）と、李相日監督の『許されざる者』（13年）に出会った時期です」

──どういう理由で抜けたんだと思いますか？

「しっかりと厳しく演出を受けることができたってことですね。どうやったら演技ってうまくなるんだろうってモヤモヤしてたのが、『お前の演技は全部ダメだ』みたいなことを容赦なく言ってくれたっていうことが、自分の中で大きかった。スパーン！とね。快感ですよ」

──そこからまた新たな俳優人生が始まったんですね。

「そうですね。僕のことを昔から知っている友達からは、けっこう面白いたとえをされるんですよ。『いきなり東大を受けて飛び級で受かったけど、入ってみたら全然勉強が追いつかなくて落ちこぼれて、今はもうちょっと偏差値が下のところでのびのびやってる』みたいな（笑）」

──カンヌが東大ってことなんですね（笑）。

「そうそう（笑）。やるからには、これからまたちゃんと東大を目指したいですけどね」

──気が利いてますね。

「面白いなあと思いましたよ。そういうユーモアに変えてもらえると悲しみを共有できるし、それこそ"笑い"のもとって悲劇だったりするじゃないですか。あと、僕が太ってる時の唯一の作品が『戦慄迷宮3D THE SHOCK LABYRINTH』（09年）なんですけど、よりによって日本初の3D映画だったんですよ。そしたら、ファンの方から『（僕の）お腹が3Dとしてすごい飛び出てきた』って言われて（笑）。うまく料理してくれる友人やファンを持って、ありがたいですね」

「高校1年生の僕」

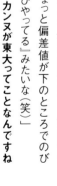

INTERVIEW with *HIROKAZU KOREEDA*

柳楽優弥 × 是枝裕和 インタビュー

photographs by TOMOKI HIROKAWA

柳楽優弥のデビュー作であり、是枝裕和監督が15年の構想の末に完成した映画『誰も知らない』。２００４年に公開されたこの作品で、当時14歳の柳楽は第57回カンヌ国際映画祭で最優秀男優賞を受賞し、世界中の注目を浴びることとなりました。
俳優・柳楽優弥を語る上で、最も重要な人物である是枝監督。
「対談という機会じゃないと聞けないことを聞いてみたい」という柳楽が、監督の事務所「分福」を訪れ、語りあった記録をお届けします。
愛用のカメラでお互いの「今の姿」を撮りあった写真とともに、どうぞ。

——『誰も知らない』のオーディションで初めて柳楽さんと会った時のことは覚えてますか？

是枝　もちろんです。秋にクランクインするために、春先から明（柳楽が演じた役）ができる子を探していて、相当な数の子に会ったんですよ。でも、なかなかピンとこなくて。優弥と会ったのって、夏休みだよね。

柳楽　そうですね。7月でした。

是枝　納得のいく子が見つからないからインを延ばそうか、と思い始めた時に、スターダスト（プロモーション）から「新しく入った子がいるんだけど」って優弥のプロフィールが送られてきた。僕が最初に見たプロフィールはモノクロだったんだよね。ファックスだったのか、コピーだったのか曖昧だけど、場所がコピー機の前だったことは覚えてるんだよな。そのモノクロ写真の優弥の目の力がものすごく強くて、「会いたい」って来てもらったんだけど、部屋に入ってきた瞬間に「この子だな」と思った。

柳楽　はあー。

是枝　キャスティングって直感というより思い込みで、「この子と心中するんだ」という覚悟ができるかどうかなんだよね。それをスタッフと共有することが必要なんだけど、優弥と出会った瞬間に「この子でいく」って覚悟ができた。

柳楽　やっぱり、会うとピンとくるんですか？

是枝　会えばなんとなく相性はわかるし、共通言語があるかないか、みたいなこともわかる。お芝居を観て印象に残るケースもあるけど、脚本と演出家が変わると全然違うから、どちらにせよ直接会って話してみないとわからないね。

相手の言葉を、ちゃんと自分の耳で聞くこと

柳楽　『誰も知らない』は、是枝監督がずっと温めていた企画なんですよね。

是枝　１９８８年に起きた事件をもとにして89年に脚本を書いてるので、映画の公開まで15年かかってるんだよね。何度もやろうとしては企画自体がつぶれて、というのを繰り返してるうちに、僕自身が40代になってしまった。内容も当初よりずいぶん変わっているし、演出方法も年齢とともに変わっているから、数年ずれていたら全然違っていたと思う。もう少し早ければもっとドキュメンタリーみたいに撮っていただろうし、何より、優弥と会ってないわけだから。

柳楽　すべてがうまくつながったんですね。

是枝　映画って本当に、タイミングによって何が生まれるかが変わっちゃうんだよね。

柳楽　すごいなあ。是枝監督との出会いに感謝だな。

是枝　撮影当時のことは覚えてる？

柳楽　あんまり覚えてないんですけど、楽しかったっていう印象だけ残ってます。台本がないから、今日は何するんだろう？って思いながら現場に行って。カメラの横にいる監督から「箸、持ってきて」って言われて、菜箸を持っていったりして。

是枝　引っ越しそばを食べる時に菜箸を持ってきちゃって、受け取った（母親役の）ＹＯＵさんが「ま、いいわ。これで食べるわ」って、そのまま食べるんだよね。

柳楽　映画を観た友人からは、「算数の計算が間違ってる。あれは演技で間違えたんじゃないだろう」って、いまだにツッコまれます（笑）。どうして僕たちには台本を見せなかったんですか？

是枝　リハーサルでは〝台本を渡して台詞を言う〟みたいなこともやってみたんだけど、子供たちも初めてだから学芸会みたいになっちゃったの。それで、台本を見せずに現場で僕が説明して撮っていくっていうやり方にしたんだよね。

柳楽　だからこそ、その場で急に出た言葉が印象に残ってます。ＹＯＵさんとのやり取りとか、（弟

是枝　役の）木村飛影くんのおもちゃを僕が蹴ったら、「八つ当たりすんなよ」って言われたこととか。どこかに遊びに行っちゃった弟を、明が探しに行くシーンだね。僕が「遊んでていいよ」って言ったから、飛影は本当にただ楽しく遊んでただけなの。優弥が来ておもちゃを蹴った時に言った、「物に八つ当たりするんじゃねえよ」っていうのは、普段、飛影がお母さんに言われていたことらしいんだよ。あそこの撮影が終わったあと、ふたりともすごい気まずそうに座ってた。フンッて（笑）。

柳楽　半分演技じゃなかったんでしょうね（笑）。

是枝　そういえば、秋から1年かけて撮影していった、最後の夏のシーン。（映画の中で）母親が戻ってこなくて、子供たちだけの暮らしになってから、優弥のお母さんが「家に帰ってきてからも役を引きずってるんです」って言ってたんだよね。「優弥が『子供だけになっちゃったんだけど、どうしよう』って言ってる」って。

柳楽　えー！　覚えてないです。なんか様子が違ったんでしょうね。

——監督は、当時の柳楽さんを撮りながら、どんなことを思っていましたか？

是枝　毎シーン、毎シーン、撮りながらハッとしていましたよ。監督が佇まいという言葉に逃げるのは良くないんだけど、ことさらに喜怒哀楽を説明しなくても、優弥の佇まいの中にちゃんとあるんです。ちょっとした目線の動き——たとえば、押し入れに入った長女を怒ったあと、下の妹から見上げられて、その目線がふっと下がるだけで、「この子が何に悩んでるのか」や「今どういう感情なのか」が台詞にしなくてもわかる。それこそ、ただそこを歩いてるだけでも良かったんですよね。ただ、最初に特殊な撮り方をしちゃったので、他の現場に行った時に、足かせにならなきゃいいなって思ってた。

柳楽　大変な時もありましたけど、台本なしで、監督の演出の中で自由に演じた経験は、すごいものとして残ってるんですよ。「ああいう現場が最初で良かった」って思います。

是枝　本当？　マイナスからのスタートになってないといいけど。

柳楽　全然マイナスじゃないです。プラスすぎますから。

是枝　申し訳ないなという気持ちもありながら、でも……っていう気持ちもあるわけ。決して台本をないがしろにしているわけじゃないんだよ。

台本はもちろん大事。でも、演技って「台詞を覚えて言う」ということだけではなくて、「相手から出てきた言葉を受け止めて、自分の中から出てきたものを表現する」というのが基本だと思うから。相手の言葉をちゃんと自分の耳で聞くことは、すごく大事だと思っていて。一番最初にそれをやっておくのは、僕は悪くないことだと思ってるんですよ。

柳楽　たまに、そういう撮り方にトライしようとするCMとか、映画の1シーンがあるんですけど、僕はすごく居心地がいいんです。それはたぶん、『誰も知らない』の経験が最初にあるからなんだろうなと思います。

監督と主役の関係性

柳楽　今日は聞きたいことを用意してきたんですけど、主演俳優に一番必要なものってなんだと思いますか？

是枝　必要なもの？

柳楽　そもそも、主役というのはどんな人のことなんですかね。

是枝　主役とは、一番長く映画に出ている人のことではなくて、監督が映画を作る時、その映画を観終わった時に（観客に）湛えてほしい感情を、本人が出ていない時も作品に湛えられる人。映画を音楽にたとえるならば、僕が刻んでいくリズムがあるじゃない？　監督が求めるリズムに、スーッと歩調をあわせてくれる人。出ていないシーンでも、その人がその作品のリズムを支配しているの。それが主役。

柳楽　なるほど。僕も最近リズムみたいなものを考えるようになったんですよ。もともとの僕のリズムがあるわけじゃないですか。それが監督の演出によって、「今はスローだから、もうちょっとメリハリをつけて」とか、馬を扱う時みたいにコントロールされるわけですけど、監督の中にリズムがある人とか、やりたいテンポが見えている人とやると、僕も居心地がいいと感じるんです。「そのシーンを一緒に作ろう」ではなくて、監督の演出に対して「はい」って従ってやりたいなって、最近思うんですよね。

是枝　でも、きっと、うまくいってる時はコントロールされてるという自覚もないと思うよ。それが相性ってものだと思う。

柳楽　それ大事なんですね。

是枝　監督からすると大事。主役と呼ばれる人とのリズム、要するに心拍数の刻み方とか、歩幅がずれると難しいね。

柳楽　そうかあ。そこがあうのは、監督との巡りあわせってことなんですかね。

是枝　それだけでもないんだよな。たとえば、『真実』で仕事をしたカトリーヌ・ドヌーヴは、ほとんど台本を読んでこないんだよ。だけど、撮影が3分の1ぐらい進んだところで、「もしこれまで撮ったシーンを編集していたら、自分が出ていないシーンがどういう雰囲気なのか見ておきたい」って言われて。編集途中のものを役者に見せたことなんてないんだけど、渡したの。そしたら、「あなたのリズムやユーモアやヒューマニティーがとてもよくわかった」と言われて、そのあとの撮影は全くブレがなかったんだよね。僕が求めているものが、そのまま出てくる感じがあって。「この人は、そうやって作品のトーンをつかんでいくんだな」ということがわかって、面白かった。

柳楽　すごい。編集を見れば監督のリズムがわかるんだな。相性だけじゃなくて、俳優が監督にあわせていくことも必要ということなんですかね。

是枝　あわせるというより、お互いに何を求めてるのか理解したほうがいいって言えばいいのかな。フランスで撮った『真実』は、文字通り（外国人の）役者と言葉が通じないから、クランクインの前に話す時間をたくさん持って、手紙もなるべく多く書いたの。

柳楽　文通したんですか？

是枝　そう。「僕はこういうことをしたいんです」とか、「ここがまだ自分の中でクリアになってないんです」みたいなことを、相手に文字として残すという形をとった。

柳楽　ああ〜、とっても腑に落ちました。最近、作品に主演した時に考えすぎちゃうことが多いんですけど、お聞きしたことを念頭に置いてやってみます。

生活の変化、映画への影響

柳楽　最近の是枝監督の作品を観ると、『万引き家族』もそうですけど、見やすいなって思うんです。

是枝　だいぶ見やすくなってきた？

Photo by Yuya Yagira

Photo by Hirokazu Koreeda

柳楽　シリアスなテーマを描いてるのに、面白さも絶妙にあって惹き込まれる、みたいな。僕が14歳で『誰も知らない』を観た時は、正直難しいなって感じたし、『DISTANCE』とか『幻の光』とかも、情報量が少ない中で着地点はどこなんだろうっていう刺激だったんですけど。自分が成長したっていうこともあるかもしれないですけど、最近の作品には毎回圧倒されてます。

是枝　そうなんだ。

柳楽　是枝監督は家族を描くことが多いですよね。

是枝　多いんだよね。あんまり自分でそこを意識してるつもりはないんだけど。

柳楽　自分のお子さんからインスピレーションを受けることもあるんですか？

是枝　一番、自分でもちょっと驚いたのは、子供ができたら、僕は自分の父親のことを考えるようになったの。もう亡くなっていて、言葉も少ないし、仲もそんなに良くなかったから、非常にわかりにくい父親だったんだけど。でも、「もしかするとこんなことを考えてたんだろうか」とか、父親が自分の年齢の時に何してたかなとか、考えるようになった。子供を持ったことで父親を考えるのは、ちょっと不思議だけど面白いなと思う。『海よりもまだ深く』は、おそらくそういうところから作ってるんだよね。

柳楽　僕、『海よりもまだ深く』が大好きなんですけど、特にあの阿部寛さんが大好きなんです。ちょっとアル・パチーノっぽくないですか？

是枝　アル・パチーノは意識してなかったけど、阿部さんはいるだけでどこか悲しくて、どこかおかしみがあるんだよね。そこがいい味だなと思って。カッコいいのに、真面目になればなるほどおかしいんですよ。

柳楽　すっごいな、それ。

是枝　それは、阿部さんの持つ佇まいだよね。『誰も知らない』の優弥もそうだったけどね。

夢を叶えるために、やるべきこと

——是枝監督は、『誰も知らない』以降の柳楽さんを、どんな思いで眺めていらっしゃいましたか？

是枝　やっぱりデビューに立ち会ってる身としては、親心として見てしまいますよね。10代の時の優弥は心配な気持ちで見ていたけど、20代になってからは李（相日）さんの『許されざる者』（13年）とかで、主役じゃない場所でもちゃんと存在していて。前に「いい大人の役者と共演したほうがいいよ」って話をしたと思うんだけど、まわりからいろんなものを吸収して、いい20代前半を送ったんじゃないかな。

柳楽　そうですね。本当にその通りです。

是枝　20代後半からは、『ディストラクション・ベイビーズ』(16年)とか、『ゆとりですがなにか』(16年)もそうかもしれないけど、「今は演じることがすごく楽しいんだろうな」と思った。大人になって余裕も出て、とても充実しているんだろうなって。そしてここから30代でしょ。役者として一番面白い時なんじゃないかな。

柳楽　本当ですか？　30代って面白いんですか？

是枝　そうなんじゃない？　まだ失敗しても全然オッケーだから、いろんなことをやればいいと思う。

柳楽　嬉しいです。わりとしっかりとしたテーマの作品に呼んでいただくことが多くて、僕の脳みそでは追いつかないところもあるんですけど(笑)、そういう作品に出られるのはありがたいですし、『誰も知らない』とかのキャリアを見て選んでくれてると思うので、30代も頑張りたいなって思うんです。

是枝　僕は、自分の映画の現場を経験した人が、その後生きていく上で何かの糧にしてくれれば、映画から離れていってもいいと思ってるんです。でも、優弥がこうやって役者を続けてくれて、花開いていくのは嬉しいですよね。

柳楽　僕には夢があるんですけど、語ってもいいですか？

是枝　いいよ。

柳楽　『誰も知らない』でデビューさせていただいて、カンヌ国際映画祭に行くことができたので、世界三大映画祭でしっかりと爪痕を残していきたいんです。残すはベルリン(国際映画祭)とヴェネツィア(国際映画祭)。だけど、映画は監督のものだから、僕がそう願ったところで叶うかどうかわからないじゃないですか。だから、「いい出会いに巡りあえますように」って、タイミングがくるのを待っているんです。

是枝　いや、待っちゃダメ。どんどん行ったほうがいいよ。『真実』で一緒に仕事をしたジュリエット・ビノシュは、三大映画祭すべてで主演女優賞を受賞していて、アカデミー賞でも助演女優賞を受賞しているんだけど……。

柳楽　うわー、カッコいい。すごすぎますね。

是枝　彼女は賞が欲しいわけではなくて、「この人だ」と思った監督にはとにかく自分から連絡して、「あなたの作品に出たい」って言う。それで、いろんな国のいろんな監督の映画に出てるの。そうやって自分の可能性を広げてる。

柳楽　そうか。そういうことをジュリエット・ビノシュもやるんですね。

是枝　日本はそこを事務所がコントロールしてる人たちが多いけど、フランスの役者は基本的にセルフマネジメントだから、次に自分をどういうステージに持っていくかを、自分で考えてる人が多い。だから、「アジア人の役でいい役があったら俺に」って、積極的に連絡したほうがいい。国際映画祭に行くと、みんな優弥のこと知ってるから、なるべくいろんな人に会うのがいいよ。

柳楽　さっき待ってるって言っちゃったけど、それ、やらないとですね。監督としては、「あなたの映画に出たい」と言われるのはどんな気持ちなんですか？

是枝　もちろん嬉しいよ。出たいと言ってくれるってことは、おそらく僕の映画に出ていた役者が魅力的だったってことでしょ。自分が褒められると本当か？って思うけど、役者が褒められるのが一番嬉しいからね。

——ありがとうございました。最後に、柳楽さんから何か伝えておきたいことはありますか？

柳楽　『誰も知らない』で映画デビューさせてもらって、監督が演出してくださった僕をいろんな方に見ていただけて、本当に恵まれていると思います。自分の中で越えていかないといけない高いハードルにもなっているので、どんどんレベルアップしていかないと、っていう原動力にもなっているというか。是枝監督には本当に感謝していますし、これからも過去に負けないように一生懸命やっていきたいと思います。

BEDTIME STORY

photographs by EIKI MORI

INTERVIEW with *QUENTIN TARANTINO*

柳楽優弥 × クエンティン・タランティーノ インタビュー

photographs by HIROHISA NAKANO

2004年、デビュー作『誰も知らない』で第57回カンヌ国際映画祭の最優秀男優賞を受賞した柳楽優弥。
授賞式で「YAGI-RA YUYA！」と彼の名前を読み上げたのは、
審査委員長をつとめたクエンティン・タランティーノ監督でした。
しかし、柳楽が中学校の中間試験で授賞式前に帰国したため、会うことができなかったふたり。
あれから15年、2019年に『ワンス・アポン・ア・タイム・イン・ハリウッド』とともに来日した
タランティーノ監督と念願の初対面を果たしました。
ほとんど英語を使って話す柳楽と、マシンガントークのタランティーノ監督（以下QT）。
その貴重なやりとりをお届けします。

最優秀男優賞に選んだ理由

（握手を交わすふたり）

柳楽　こんにちは。柳楽優弥です。

QT　よーく知っているよ（笑）。はははははは！　大きくなったねぇ！

柳楽　（笑）15年前にお会いできなかったので、ようやく会えました。

QT　本当だね。

柳楽　『誰も知らない』が出品されたカンヌ国際映画祭のことは覚えていますか？

QT　イエス！　もちろん！　審査委員長だったからよく覚えてる。『誰も知らない』の君の演技が大好きだったよ。確かあの時はコンペに出品された全22作品を観たんだけど、『誰も知らない』は審査の序盤のほうに観たんだよね。そのあと、もう少し規模の大きな映画とか、いろんな映画を観たんだけど、審査員のあいだで何度も何度も『誰も知らない』の話が出るんだ。僕もずっと頭の片隅にあったしね。コンペの最後の作品を観たあと、審査員みんなで集まってどの映画をどの賞に選ぶか議論するんだけど、最優秀男優賞の話になると、いろんな人の名前が挙がる中で、みんな「やっぱり『誰も知らない』のあのボーイだよね？」って言うんだ。「やっぱり彼が、主演俳優としてもっとも優れていたよね？」って。映画の中の君は、とても自然体で驚かされたよ。君の演技によって、観客は物語をどう感じて、どう理解すればいいのかがわかった。つまり、君は物語を背負っていたんだ。君が演じた明というキャラクターは、妹と弟の面倒を見ているけど、君自身が主演として皆を引っ張っているようにも見えた。主演としての役割をちゃんと全うしていたんだよ。それで、最優秀男優賞に選んだんだ。

柳楽　そうなんですね。

QT　でも、君はすぐ日本に帰ってしまったから、是枝（裕和）監督が代わりに授賞式に出席してくれた。ステージにあがって、「主演男優は寝てしまいました」と言っていたよ（笑）。「12歳の少年（柳楽が演じた明の年齢）には遅い時間だから、朝になって彼が起きたら、いいニュースを伝えます」って。

柳楽　たぶん、みんなは作品賞（パルム・ドール）を受賞することを期待してたんじゃないかと思うんです。その中で僕が受賞したから、複雑だったんじゃないかな。

QT　確かにそうかもしれない（笑）。壇上での是枝さんは、ちょっと微妙な感じがあったもんな。はっはっはっはっは！　もちろん冗談だよ（笑）。君は最優秀男優賞にふさわしい演技をしていた。

柳楽　あの時の僕は14歳だったんです。キャリアをスタートしたばかりで、まだプロの俳優ではなかった。だけど、カンヌで賞をいただいたことで、たくさんの人がものすごい期待をかけてくださって。毎回それに完璧に応えることができなくて悩みました。

QT　それは当然だよ。君はすごく若かったわけだから。でも、同時にチャンスもやってきたわけだよね？

柳楽　そうですね。そういう意味では、本当にありがたかったです。

QT　ところで、カンヌのトロフィーはどこに置いているの？

柳楽　今は僕の部屋に飾ってあります。

キャスティングの秘密

柳楽　タランティーノ監督の映画って、毎回女優さんが魅力的ですよね。いつもどうやって決めてるんですか？

QT　映画によるんだけど、『ジャッキー・ブラウン』の場合、パム・グリアは当て書き。ブリジット・フォンダは、メラニーのキャラクターを書き始めた時に、ピッタリじゃないかと思ってキャスティングしたんだ。『デス・プルーフ in グラインドハウス』はほとんどの女優をオーディションで選んだんだけど、ゾーイ・ベルは当て書きなんだよ。『誰も知らない』の時の君と同じように、当時のゾーイはまだプロの女優じゃなかったんだけど、彼女なら絶対できると思った。ゾーイは「これ、あたしで大丈夫なの？」って言ってたけどね。「絶対大丈夫！　僕がケアするから」って。だから本当に、ケースバイケース。

柳楽　『キル・ビル』でGOGO夕張を演じた栗山千明は、『バトル・ロワイアル』を観て、すごくいいなあと思ってキャスティングしたしね。

『ワンス・アポン・ア・タイム・イン・ハリウッド』に出ているレオナルド・ディカプリオやブラッド・ピットみたいに、世界で活躍する俳優の共通点ってなんですか？

QT　ピッタリの答えがあるかわからないけど、60年代の映画がすばらしいと思うのは、あの時代のほうが、イタリアとかフランスで俳優が活躍できていたと思うからなんだ。有名になって、ジェームズ・ボンドの作品（『007』シリーズ）に出られるようになったり。最近はそういうケースが減っているよね。でも、ペネロペ・クルスやアントニオ・バンデラス、ハビエル・バルデムは、スペインで活躍してからアメリカに活動の場を広げたでしょう。だからやっぱり、才能がある、ハッとさせる何かを持っているかどうかが大事なんじゃないかな。

柳楽　なるほど。

QT　日本にもスペインにもすばらしい俳優がいるわけだけど、国籍関係なく「絶対にあの人じゃなくちゃ」と思わせる魅力が必要なんだよね。僕の映画にも外国の方によく出てもらうけど、特に栗山千明は僕の作品の中でベストパフォーマンスだったと思うよ。キャラクターに命を吹き込んでくれた。いまだに人気のキャラクターだから、ハロウィンではGOGO夕張の格好したアメリカ人が、鉄球がついたチェーンを持って練り歩いていたりするんだよ。はははは！　去年のハロウィンでもGOGO夕張を見たよ。

主演俳優に必要なもの

柳楽　主演俳優にとって、一番必要なものはなんだと思いますか？

QT　僕はresponsibility、「責任感」が大事だと思う。主演俳優は、ストーリーテラーとして物語の最初から最後まで観客を導いていかなければいけない。だから、監督と主演俳優は俯瞰して作品を見て、観ている人を意識しないといけないと思うんだ。あとは、「座長としてのふるまい」も大切だね。共演者やスタッフは、主演俳優のふるまいを見本として常に見ている。主演俳優がまわりの人たちに敬意を示し、自分のやるべき仕事を精一杯やり、いろんな人たちと仕事をうまくやっていたら、他の人たちも「同じことをやらないといけない」って思うはずなんだよね。主演俳優が自己中心的だったら、他の人のふるまいも悪くなる。だから、責任感と、現場でのふるまい。この2つが大切だと思う。

柳楽　肝に銘じます。ありがとうございます。

次のステップに向けて

柳楽　僕はマスタングが大好きなので、『ワンス・アポン・ア・タイム・イン・ハリウッド』にも登場して興奮しました。監督はどの年代のマスタングが好きなんですか？

QT　ヴィンテージのマスタングは持っていなくて、8年前のものに乗っているんだ。全体が黄色で、黒いストライプが入っていて、『キル・ビル』カラーに塗ってるんだよ。

柳楽　すごい！

QT　『ワンス・アポン・ア・タイム・イン・ハリウッド』ではブラッド・ピットにマスタングに乗ってもらったんだけど、スティーブ・マックイーンみたいに、運転している姿がめちゃくちゃ様になっていたでしょう？

柳楽　めちゃくちゃカッコ良かったです。あと、僕はアル・パチーノが大好きなんですけど、『ワンス・アポン・ア・タイム・イン・ハリウッド』でのバーのシーンがすごく良かったです。

QT　僕もあのキャラクターは大好き。アル・パチーノは、「この役者さんに自分の書いた台詞を言ってほしい！」と思っていたうちのひとりだったんだ。今回で見事にやってもらえたんだけど、「もうちょっとたくさん台詞を喋ってもらいたかったなー！」って思ってるよ（笑）。

柳楽　監督は「僕は映画を10本しか撮らない」とおっしゃっていますよね。『ワンス・アポン・ア・タイム・イン・ハリウッド』は9作目ですが、次の作品はどうなるんですか？

QT　うーん、まだ何をやるかわからないんだよね。僕の胸の中にたくさんの見えざる作品が潜んでるから、これから姿をあらわすかもしれない。

（ここで終了時間がきてしまい……）

柳楽　今日はありがとうございました。カンヌ映画祭で最優秀男優賞に選んでいただいてから、ずっとタランティーノ監督にお会いしたかったんです。30歳の手前でお会いすることができて、本当に良かった。これからもネクスト・ステップに向かって頑張っていきます。

QT　こちらこそ、ありがとう。今日話をしてみて、君は素晴らしいマインドを持っていることがわかったし、新しいステップに向けて頑張ってほしいな。グッドラック！

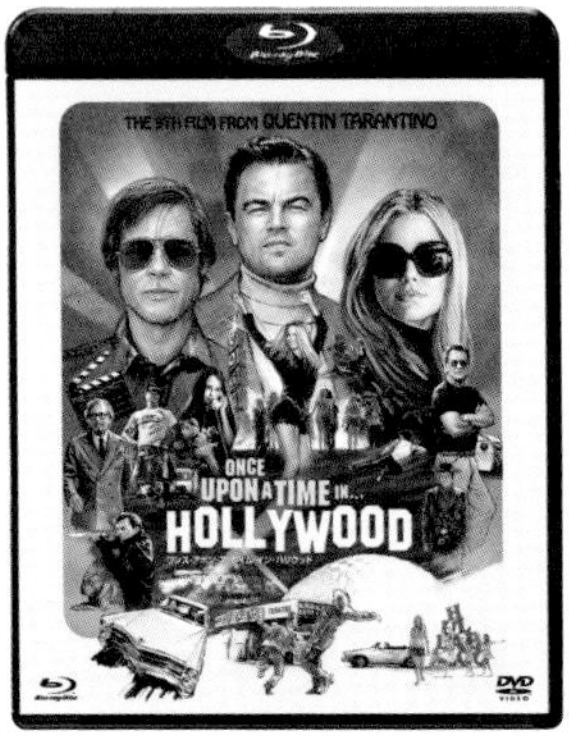

『ワンス・アポン・ア・タイム・イン・ハリウッド』
／発売・販売：株式会社ソニー・ピクチャーズ エンタテインメント
品番:BRSL 81579　POS:4547462123015

IN TAIWAN

photographs by MASUMI ISHIDA

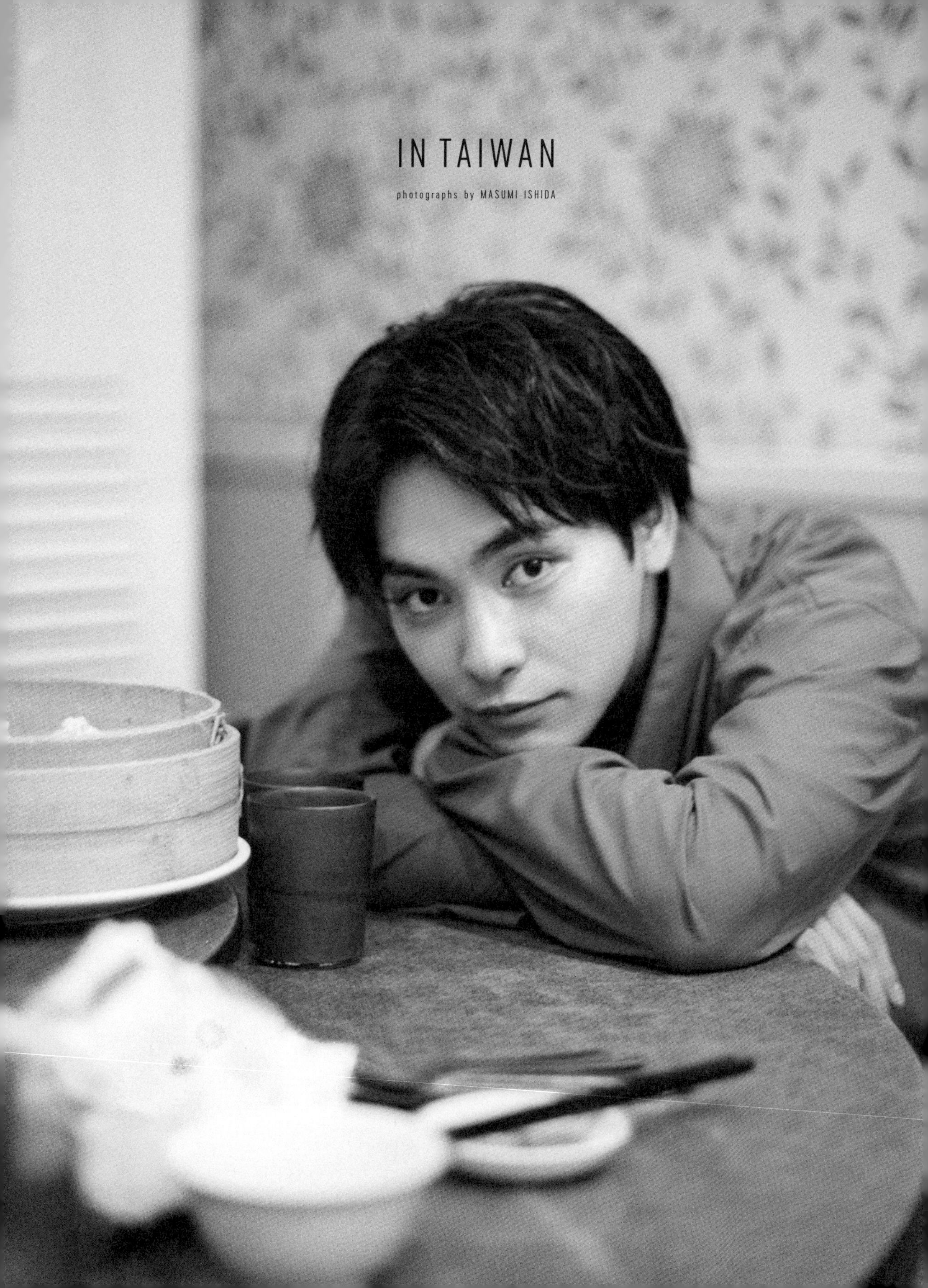

小港/岡山
R10
R10
岡山/小港月台
往

平價 熱炒 海鮮

大苑子

百香果汁
金桔檸檬
木瓜牛奶

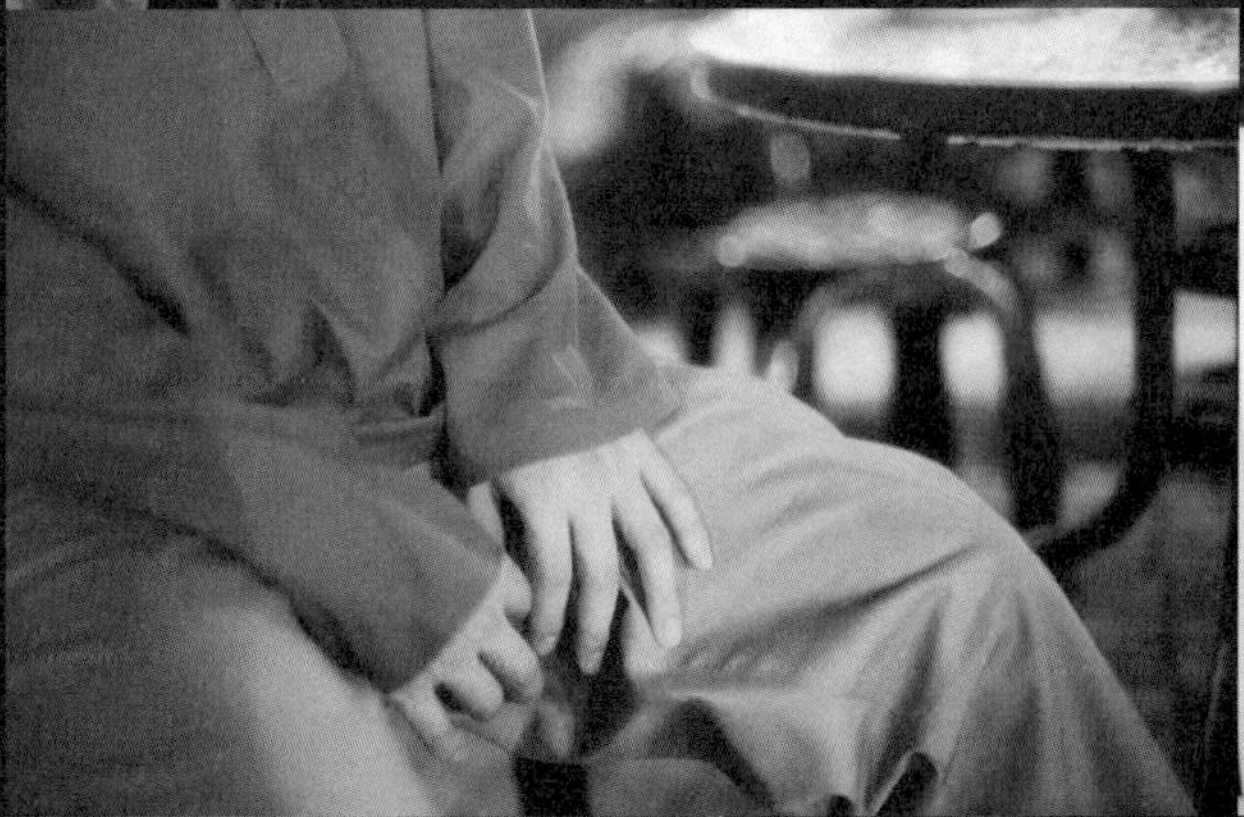

咖哩魚蛋

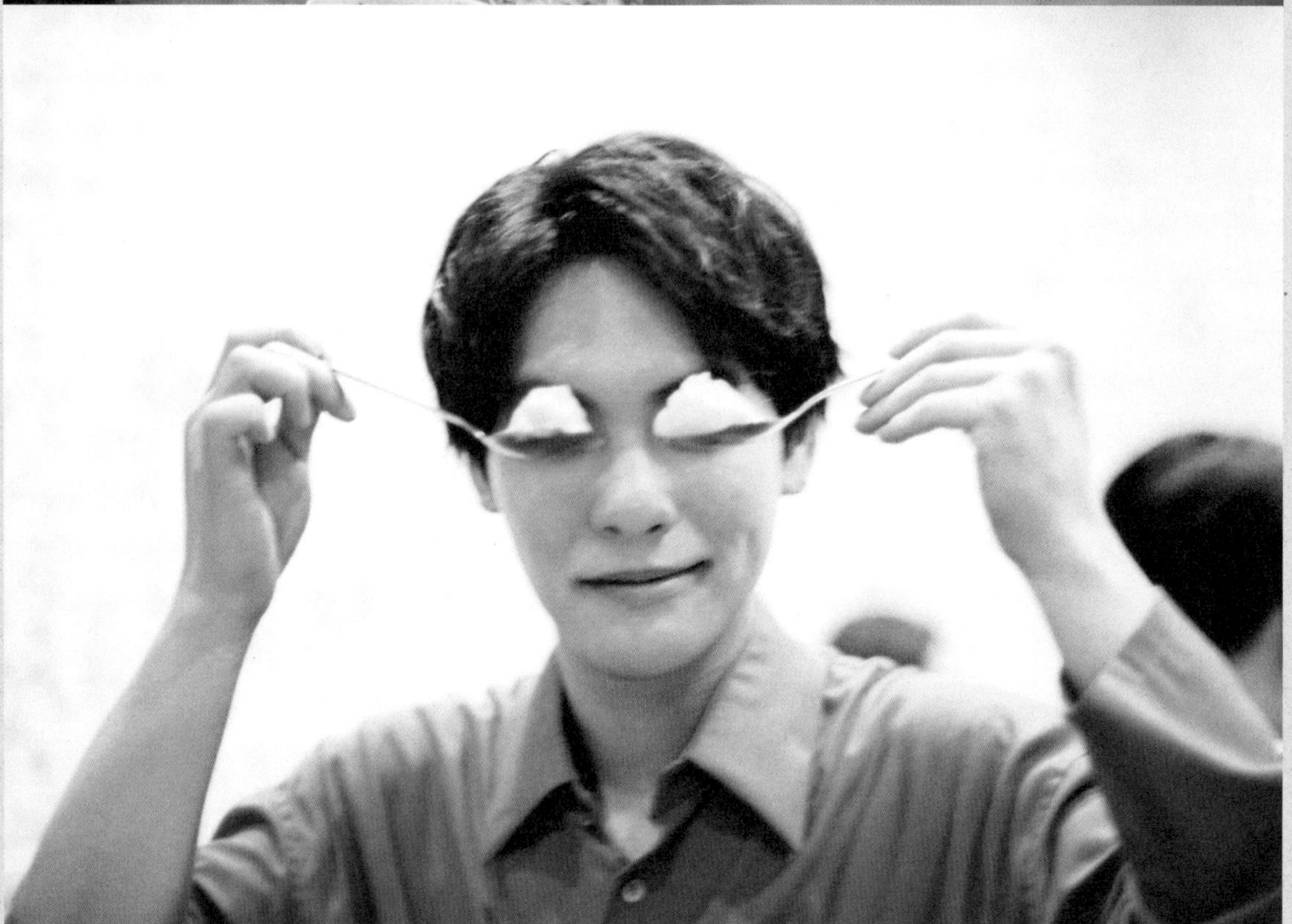

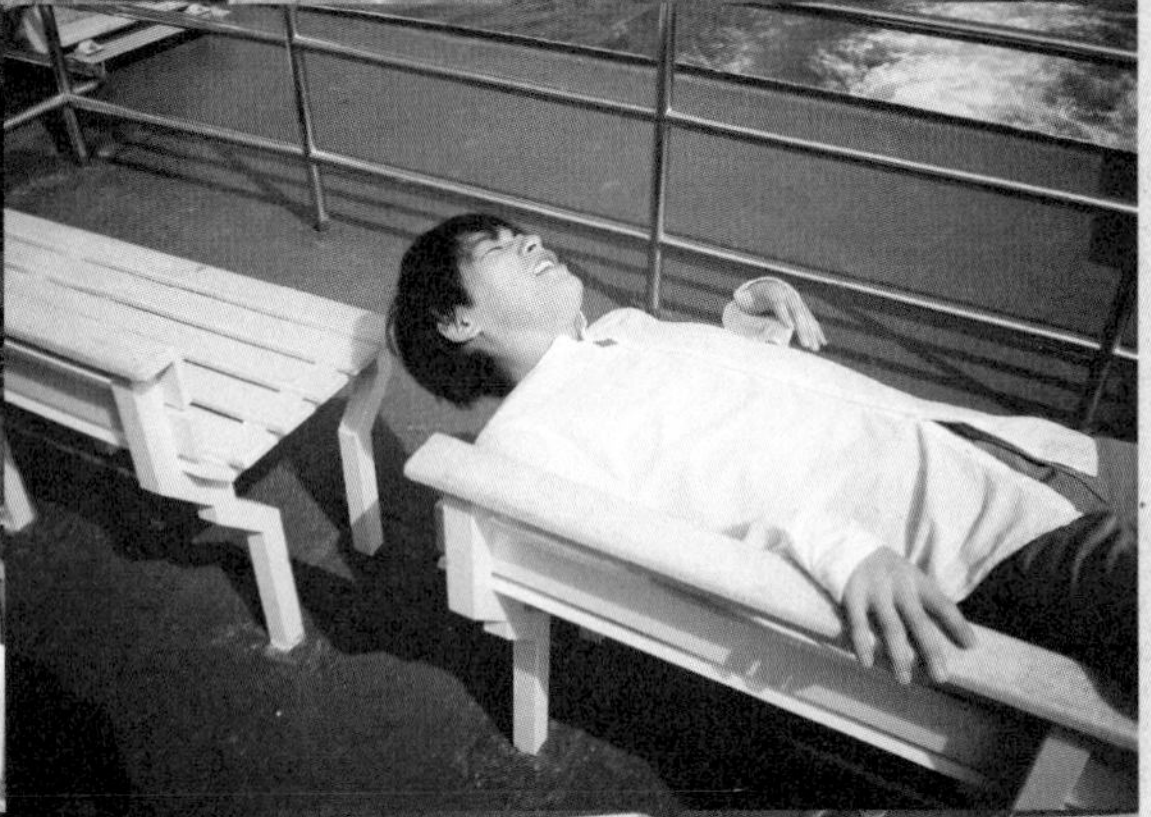

8

緊急出口
EXIT
貨
品

迎試喝

9-21
9-22

2018
爸爸
Thailand
03/08/2019

533
看到时
爸爸
第一
護理師
宣宏

GENI

滅火器
放置於座椅底下

活動資訊
大溪頂冬瓜茶
古早味紅茶
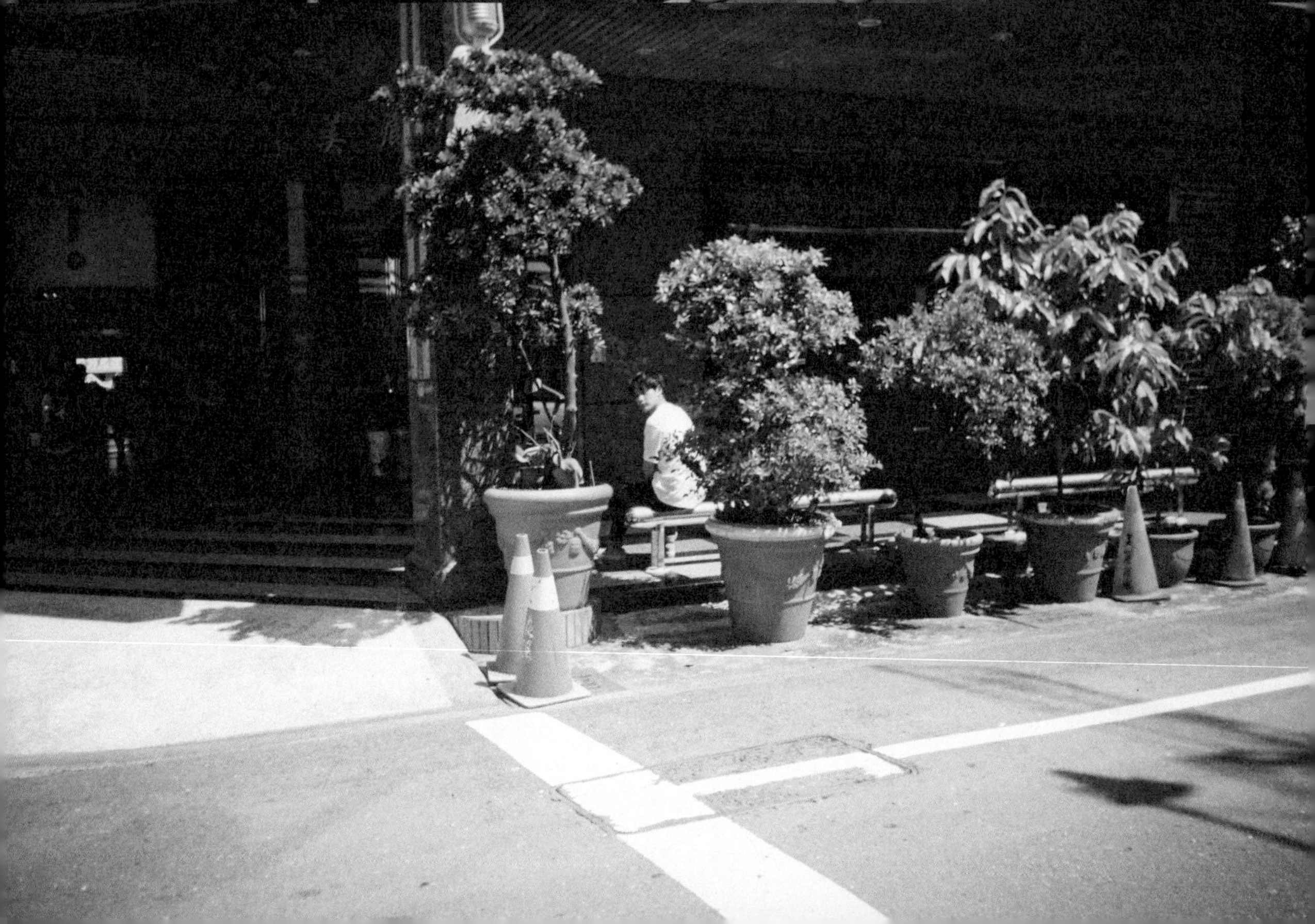

IN NEW YORK

photographs by TAKAY

NDROMAT

TURKISH KEBAB

P

1000
ГИГАНТ

BOLD BURGERS
FAMOUS SEASONED FRIES
COLD DRINKS • SWEET SIDE TREATS
A
UBER EATS
GOOD FOOD •

NEW YORK DIARY

text & photographs by YUYA YAGIRA

2019年、留学のためにNYを訪れた柳楽優弥。
一時帰国した2月2日、ジョン・F・ケネディ国際空港にて。
NYの日々を振り返って書きつけられた日記。

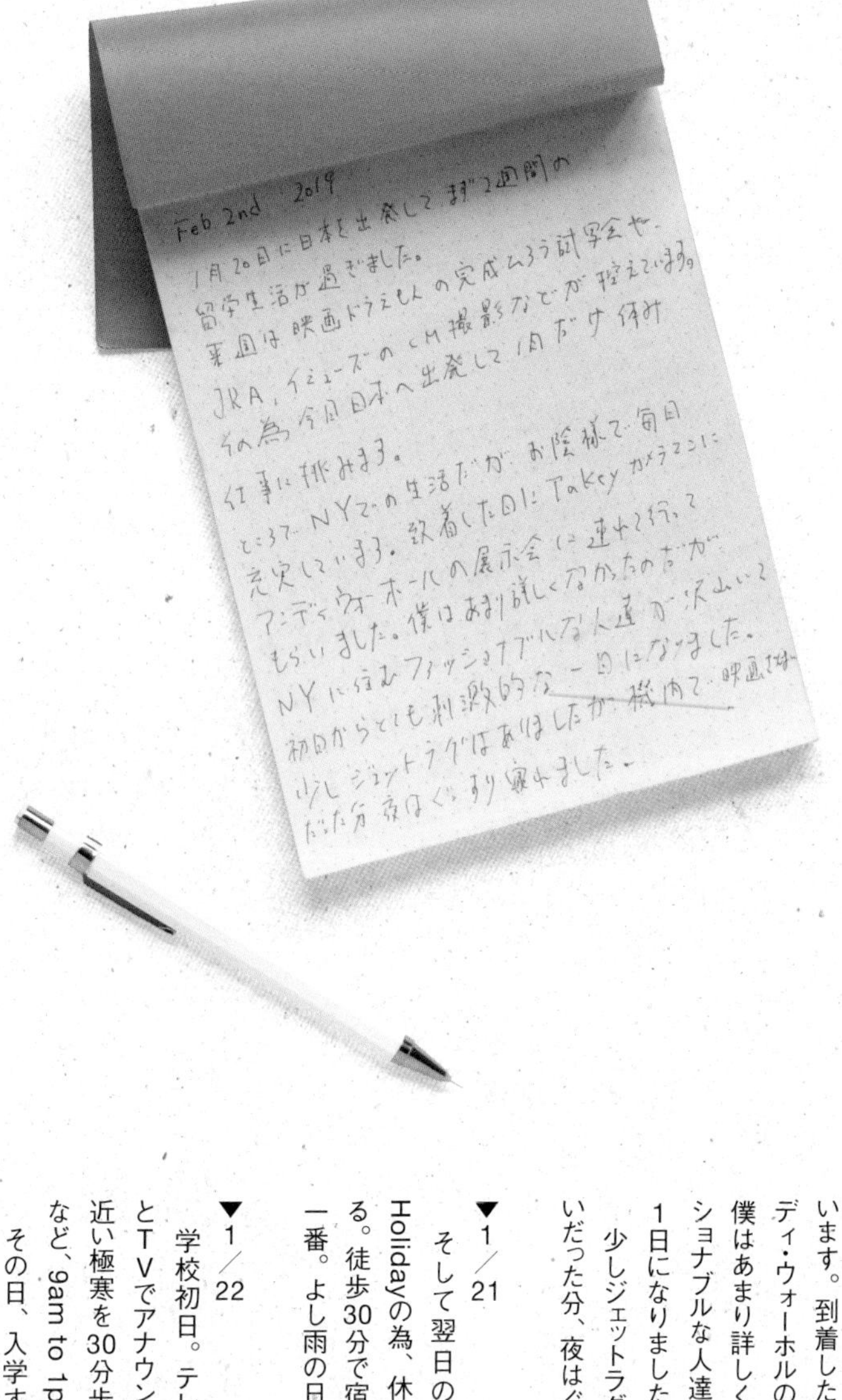

▼2/2（空港にて）

1月20日に日本を出発して、まず2週間の留学生活が過ぎました。

来週は、『映画ドラえもん』の完成披露試写会や、JRA、イミューズのCM撮影などが控えています。その為、今日 日本へ出発して1日だけ休み、仕事に挑みます。

ところでNYでの生活だが、お陰様で毎日充実しています。到着した日に写真家のTAKAYさんにアンディ・ウォーホルの展示会に連れて行ってもらいました。僕はあまり詳しくなかったのですが、NYに住むファッショナブルな人達が沢山いて初日からとても刺激的な1日になりました。

少しジェットラグはありましたが、機内で映画ざんまいだった分、夜はぐっすり寝れました。

▼1/21

そして翌日の1/21は、アメリカはNational Holidayの為、休校。なので学校までの交通手段を探る。徒歩30分で宿泊場所から学校に到着する。徒歩が一番。よし雨の日も風の日も歩こう。そう決めて寝た。

▼1/22

学校初日。テレビをつける。「Dangerous Cold」とTVでアナウンスされている。初日からマイナス10℃近い極寒を30分歩く。クラス分けテストや学校の紹介など、9am to 1pmまで学校で過ごす。

その日、入学する生徒は10人くらい。Koreanの友達が3人出来た。

友達が日本人でない為、英語を自然と使わないとマズイ環境になる。カタコトな言葉で意思疎通をしながらTimes SquareでLunchをする。

See you tomorrowといい、stay先へ。15分歩く。よし。現地に詳しい写真家のTAKAYさんや、英語しか会話手段のない友達も出来た。
この短い期間で英語を上達出来る様な環境を2/2迄にまず作り上げる。その夜そう決めた。

▼1/23

クラス分け。普通コース。日本で1年間トレーニングしておいて良かったと少しホっとする。とてもベーシックなレッスン内容だが、今の僕にはベーシックの自信が必要だ。頑張ろう。

"be going to"について習う。

その後なぜかとても気にいられて、友達とどでかいタコスを食べて帰る。

▼1/24

翌日も前日のTopic ＋ be ~ingについて学ぶ。ベーシックなのだが忘れている箇所も多く、話す時に考える間が長かったので、改めて勉強できるのは本当に助かる。
又、ファッション関係の目標がある人や、お坊っちゃん、おじょう様が多い印象。一応、今のクラスはブラジル人、コロンビア人、Taiwanese、Korean、Japanese、トルコ人。など、色々な人達がいて面白い。

▼1/25

理解出来る箇所と出来ない箇所とが分かれ、悔しく感じる。時にRestaurantの店員さんのスピードについていけない。

「よし、店員の友達を作ろう」。その夜そう決めた。

因みにこの数日間の朝の活動はほとんど同じ動き。

6時起床、身体を洗い、7時に下のレストランで毎日steak hashというジャンクフードをたのんでいる。店員

さんもいつも同じ人なので、I know what do you wantなどと言われて仲良くなる基礎は出来ている。

よし、次は留学で来ていると伝えて宿題へのアドバイスを貰おう。その夜、これも同時に決めた。

初のweekend in NY。友達とLunchを食べてCentral Parkをおさんぽ。何になりたいの？とかカタコト英語でお互いの事を説明する。

その流れでメトロポリタンMuseumへ行き、少しだけ部屋飲みしてその日はおしまい。

It was really good weekendだった。

因みに、NYは物価が高いから飲み物を買って部屋でお酒を飲んでいる。


日曜日は特に予定もなくのんびり過ごす。午後は近くのParis Theaterという劇場で「Never Look Away」というアカデミー賞（2019年度）ノミネート作品を見る。作品が始まる。ドイツ映画だった。ドイツ語だった。subtitleは英語。見続けるの大変かなと思ったら、とんでもない良作で、物凄く感動してしまった。良い映画は凄いなぁとシンプルにそう思った。要は6割方理解出来ていたという事だ。うん。嬉しいぞ。

▼1／28
写真家のTAKAYさんと単行本用の撮影にBrighton Beachに行った。
It was really good opportunity.
このカッコイイ写真を撮るカメラマンに向かって「〝しゃぼん玉〟みたいな雰囲気の単行本にしたいです」と言った事はここだけの秘密です。（※スターダストスタッフに柳楽さんはしゃぼん玉を意識する位が単行本的には丁度いいと云われていた為。笑）
しかし、僕には〝しゃぼん玉〟感は難しい説を感じな

がらも良いロケーションで良い写真を撮影していただいた。※この時まだ写真のしゃぼん玉感をチェックしたいと云われていた為、この写真を単行本で使用するgoサインでておらず。

Mr. TAKAY、そんな状況にも関わらず本当にありがとうございました。感謝。

▼1／29～1／30迄

present perfectやP・P（過去分詞）など様々な文法を身に付ける為勉強する。

▼1／31

BrooklynのTAKAY氏紹介のお店でテーブルふきなどお手伝いをする。そしてHunter Collegeの教授ともお会いしてお話出来た。

この1日はNYでの2週間の中で一番英語づけの1日となった。

こんな時にも日本でバイトしていて良かったと感じる。11pm、Uberを利用して帰宅。

▼2／1

この日にブラジル人2人とTaiwanese1人が卒業する。とても寂しい。

ここでは英語を勉強している訳だが、どうしても一緒に間違え、一緒に正解する関係を築いてきた〝同士〟のような気持ちになって、なんか寂しくなる。

よく「出会いがあれば別れがある」というが、それが超特急で感じられている。とにかく良い出会いや別れがある。これはきっと皆が真剣に物事に向き合っているからなのかもしれない。

帰宅してprepare、パッキング。

バスタブにつかり、ビールを一本のみ、少し復習して、

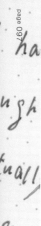

日本での撮影に気持ちを切り替えていく。

そして今、空港でこの振り返った日記を書いている訳だ。

なんとなくではあるが、この2週間で自分の活動範囲の環境は整いました。

友人や英語を教えてくれる知人も含め。

あとは自分次第。又、2／11に。

▼2月中旬

2／11から数日間、時差ボケはんぱないって。友人が1人帰国した。寂しいけど、またNY以外の場所で再会しようと皆で約束をした。

プライベートレッスンstart。

Kleinberg'sで約10時間のinternship。

1週間の帰国はあったが、学校に通い始めて1ヵ月が過ぎた。早い。とにかくベーシックな部分だけでも頭にシッカリ入れたいと思いました。

残りのレッスンのゴールは決めた。とにかく文法などbasicな部分を頑張る。

実は日本人だけど英語だけで会話してくれる人や、韓国人の友人など、アジア人と前進し合うのも大切だと感じた。

▼2／27

今ラウンジ。又4日後の夜にNYにいる。

今Wed。時差ボケに負けない！『映画ドラえもん』の公開記念舞台挨拶の為！

同じ席に座ったんだけど前回も今回もＷｉＦｉパス聞かれる！笑！

（※この後、ノートには英語の練習がつづく）

MONGOLIA DIARY

A4のコピー用紙に印刷された、映画『ターコイズの空の下で』の台本。
その裏側には、モンゴル滞在中の柳楽優弥の日記が書きとめられていた。
遠いモンゴルの地で、役者として何を思い、何を感じたのか。
2017年8月22日〜9月10日の日記から、一部を紹介。

2017.8.22 in ターコイズスカイ@チンギスハーン空港

台本なしの作品は「誰も知らない」以降初。

久しぶりだったが、やはりこのやり方が好きだ。

その場で監督が"こういって"と台詞をアシストしてくれる。

好きな演出方法だ。

8.25 in ゲル

11:30　朝食後。原人生活の始まり！

鏡を見ないことを監督と約束した。いつからか、まわりの評価を気にし過ぎて不安な感情からか、四六時中鏡を見る自分になっていた。

しかし、この俳優って仕事は、第一線で活躍し続けるのは簡単なことではないんです。

だからKENTARO監督と会って、その約束をして、また今のステージから"初心"に戻るということ自体が、僕の財産になりつつある。というか、財産にする。しなければ勿体ないくらいの素晴らしい大自然なのだから。(→マネージャーとも話さずに、1人での自問を大切に)

8.26

監督との約束その2。

マネージャーや近しい人との会話をなくす(極力)。

more 孤独感。

アムラといる事で楽しい気持ちはある。アムラといる事が安心感に変わり、素晴らしい形で人生経験をすることが出来ている。果たして、1人になった時、孤独感や不安感、恐怖感とどう向きあうのか？ タケシは。夕方には、とても大切なシーン。狼2匹とのシーン。深夜です。Tシャツとパンツ一丁はとても寒いだろう。そしてアムラがいないのも不安だろう。怖いだろう。頑張れ、やぎら。いや、タケシ。(シャワー浴びないの1日目。ケイタイ見ないの2日目。というか電波なし)

[※編注 アムラ=モンゴル人の青年。タケシ=柳楽が演じる役名]

8.27

丁度今日でモンゴルロケ1週間目。1/3迄来ました。

日本で何が起こっているのか全く分からないし、Network系全くもって無意味。

この感じは、とてもなつかしく、情報から身を離すということ自体もいい経験なのかもしれない(今の僕にとって)。

とてもラッキーなタイミングに舞い込んで来た、素晴らしい企画と改めて感じる。

8.30

撮影自体、残り10日となった。

僕はモンゴルが好きだ。人の目がキレイだ。ピュアだ。

笑顔が皆かわいい。

素晴らしい国だ。そして何より僕はモンゴルの血が入っているんじゃないかと思うくらい居心地がいいんだ。おそらく血は入りまじっているんだなと、確信した。

今日、映画のラスト手前、遊牧民とのシーンの後の、ツェルマとの再会シーン。

この素晴らしいシーンは、素晴らしいシーンとして残したい。

そのように生きたい。

9.4

そろそろモンゴル編が終わる。

寂しい気持ちもありますが、絶対に、この国は僕を強くしてくれた。

残りの撮影も気を抜き過ぎずに頑張ります。

9.8

1日 Day off。

WiFiの電波が届くところまで車で行ってみたがケイタイ壊れているため無意味。

ケイタイ見ずお財布持たずこんなに何もない生活はしたことがなかったため不安を感じつつ、小さなことを気にしなくなる性格になった気がする。

僕にはその感覚がとても大事だったんだ。

9.9

朝6:00から約10時間かけて、ウランバートルへ。

本当に、改めて貴重な体験が出来たと感じている。

残りの日本編もCoolにキメる。

9.10

帰国。

IN PRIVATE
photographs by ELLIE TOYOTA

アジアゾウ
ランディ
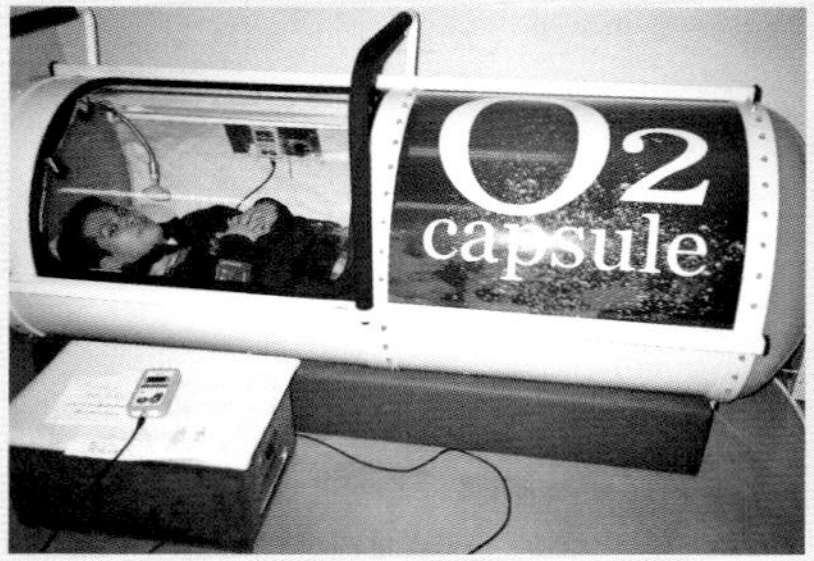
O2
capsule

YUYA YAGIRA × MASAKI OKADA × TORI MATSUZAKA

柳楽優弥 × 岡田将生 × 松坂桃李 インタビュー

photographs by YAMA Yamazoe Takehiko

ドラマ『ゆとりですがなにか』で共演して以来、柳楽優弥が「仲良しの俳優仲間」と公言している岡田将生と松坂桃李。プライベートで旅行にも行く間柄の3人が語る、お互いのこと、これからのこと。

リスペクトしあう3人

柳楽　この3人が集まるのは久しぶりだよね。

松坂　3人揃っては、『ゆとりですがなにか』のスペシャル（『純米吟醸純情編』／17年）以来かな。

岡田　じゃあ、3年ぶりだ。

――以前、すごく仲が良いのに、しばらく会わないと他人行儀になっちゃうとお話されてましたよね。

松坂　そうそう。3人とも人見知りなんですよ。

柳楽　特に、まーちん（岡田）と僕はリセットボーイなんだよね（笑）。

岡田　久しぶりに会うと、最初はぎこちなくなっちゃう（笑）。でも、最近は大丈夫だよね。

柳楽　そうだね。やっぱり、ドラマからもう4年くらい経ってるし、すごく信頼してるから、会っていなくても1年1年重なっていく感じがするな。

松坂　だよね。

――ドラマの撮影中は、どんな雰囲気だったんですか。

岡田　あの時は、みんなのお芝居を見るのが毎日楽しみだった。

柳楽　本当に刺激的だったね。

岡田　（脚本を開くジェスチャーをしながら）この面白い台本を、みんなはどう調理するんだろう？って。

松坂　作品に対して、みんなが協力的だったよね。たまに、「私の、俺の芝居ってすごいだろ」ってテンションの方がいるじゃない。もちろんそれも大事だと思うんだけど、『ゆとり』の時はそう

いう人が誰もいなかった。このシーンを成立させるためにどうしたらいいかなって、全員の優先順位が〝作品〟な感じがしたな。

柳楽　確かに。まず、いい作品を作りたいっていう現場だった。

岡田　みんな熱量が一緒だったのかもね。

松坂　だから仲良くなれたのかもしれない。

岡田　でも、お芝居はけっこうやりたい放題だったよね。それを、監督の水田（伸生）さんが受け止めてくれて、うまくまとめてくれたっていう印象がある。

柳楽　そうだね。自分の中には、みんなの温度感が似た状態で一緒にドラマを作ることができたっていう感覚が残ってるんだけど、そういう経験って、とてつもない信頼が生まれるんだなって思う。ふたりからは「こういうこと考えてるんだ」って刺激をもらってるし、いい意味で高めあえる、とってもいい同世代に出会えたって感じますね。

松坂　僕も、このふたりは業界の中において信頼できる友人、親友っていう捉え方ですね。俳優としてもリスペクトしてるから、『ゆとり』以降の仕事が気になっちゃうんですよ。普段は仕事の話はあんまりしないんですけど、「次は何やるの？」って進んで聞いちゃう、みたいな（笑）。

岡田　わかるわかる。僕も本当にふたりをリスペクトしてるんですよね。桃李さんがアカデミー賞を受賞した時（20年3月、映画『新聞記者』で日本アカデミー賞最優秀主演男優賞を受賞）は、「おめでとうございます」って連絡したり。ゆうちゃん（柳楽）の映画の独特な感じはすごいなと思う。特に『ディストラクション・ベイビーズ』（16年）がすっごい好きで、あれは絶対ゆうちゃんにしかできなかったと思う。

松坂　できないね。すごかったな、あれは。好きな柳楽優弥だった。

岡田　だから、役者さんとしてファンになっている感じです。

柳楽　ありがとうございやーす（笑）。

ほんとうの柳楽優弥

——おふたりから見て、柳楽さんってどんな俳優ですか？

岡田　実はすごい心配性だよね。

柳楽　そうかも。

岡田　『ゆとり』では、テストから130パーセントぐらいでわーってやって、「どう？　大丈夫かな？」って聞いてくれるんですよ。みんなで一緒に作っていこうっていう感じで。会う前は映画の印象が強くて、「俺が柳楽優弥だ」みたいな人なのかと思ってたから、最初はびっくりした（笑）。

松坂　わかる。僕もジャックナイフみたいな人かと思ってた。「斬り殺すぞ、お前ら」みたいな（笑）。

柳楽　あはははは！

松坂　そういう大胆さと、まーちんが言った心配性っていうところの、両方ある感じがいいよね。

岡田　そう。繊細な部分と大胆な部分をあわせ持ってる。

——素の柳楽さんはどんな方なんですか？

松坂　なんて言うんだろう。古き良きものを、すごく重んじてる節がある。

柳楽　ははは。

岡田　わかる！　義理堅いところもあるし、確実に「ゆとり」じゃないんだよね。

松坂　そうなんだよなあ。今日も、僕が「おはようございます」って入った時に、パーッと近づいてきて「今日はよろしくね」ってきちんと挨拶してくれて。それを自然にやれてる感じが好き。「年上への挨拶はマストだろ」みたいな。

岡田　後輩からも好かれるだろうしね。あと、すっごい覚えてるのが、3人で京都旅行に行った時のこと。駅で待ち合わせしていて、一般的なイメージだと、桃李さんが先に来て僕たちふたりを待ってる印象だと思うんだけど、一番楽しみにしてるのがゆうちゃんで、僕らを待ってるっていう（笑）。「ゆうちゃん、今どこにいるの？」って連絡したら、「もういるよー」「どこにいるの？」「新幹線口のカフェ」って。「ゆうちゃん、めっちゃ待ってるじゃん！」って（笑）。

松坂　ああ〜、あったね！

柳楽　もう、ワクワクしちゃったんだよね（笑）。

岡田・松坂　あはははは！

松坂　遠足にワクワクする子供みたい（笑）。

——京都旅行の段取りは、どなたが決めたんですか？

岡田　ゆうちゃんだったよね？

柳楽　僕がめっちゃ行きたい人みたいじゃない（笑）。まあ、行きたいんだけど。

岡田　確か12月30日だったよね。

柳楽　そうそう。京都に1泊して、カウントダウンしないで大晦日に帰ってくるっていう。

松坂　みんなで同じ部屋に泊まって、珍しくちょっと仕事の話をしたよね。

柳楽　そうだそうだ。話したわ。

松坂　年内の仕事納めもして、それぞれの1年の総括みたいなところから、仕事の話につながった気がする。詳細は覚えてないんだけど、すごく楽しかったっていう記憶はあるんだよな。

柳楽　「パワーアップしよう」みたいな話じゃなかった？　「1レベルアップ」みたいな。

岡田　そうそう。それで、「来年の仕事も頑張ろう」って帰った印象がある。

松坂　また3人で旅行行きたいな。

柳楽　そうだね。落ち着いたらまた計画しよう。

30代の変化

――この本は柳楽さん30歳のアニバーサリーブックなので、みなさんが30代になって意識が変わったことなどあれば教えていただきたいのですが。

松坂　僕は、健康面ですね（きっぱり）。自粛期間中に自炊をするようになって、いかに自分が乱れた食生活をしていたのかに気づけたと言いますか。

岡田　確かに、健康は大事だね。

柳楽　僕は、俳優としての生活も大事だけど、普段の生活も大切だってことを、ちょっとずつ意識していきたいと思うようになったかな。ありがたいことに20代は立て続けに仕事をやらせてもらいましたけど、自分を見失うほど仕事に入り込むのは、果たして自分のためなのだろうか？っていうことを、ステイホーム中に考えたんだよね。

松坂　無呼吸で走り続けたみたいな感覚だよね。

柳楽　そうそう。それに、僕は結婚も早かったから、20代で「変わらなきゃ」っていう意識があったんだよね。変わりたくなかったけど、変わらざるを得ない状況にいて。仕事にも気を取られすぎていたから、30歳になって「あれ？　自分はどんなものが好きだったっけ？」と思って。だから、これからは自分の感覚を研ぎ澄ませて、本当に必要なものにピントをあわせていきたいなって感じるんですよ。自分のことをもっと大切にしたいっていうか。

岡田　わかる。僕も、だんだん自分の好き嫌いがはっきり見えてきたかもしれない。でもさ、高校生ぐらいの時は、30歳ってすっごい大人だと思ってたけど、「ヤバイ、何も変わってないな」って思ってる自分もいる（笑）。

松坂　精神面においては変わってないかもね。

岡田　もうちょっと何層にもなってるのかなと思ってたんだけど、子供心がまだちゃんと残ってる（笑）。

松坂　全然まだまだ、『週刊少年ジャンプ』な感じだよね。

主演ならではの責任感

柳楽　ふたりに聞きたいことがあって。「主演俳優に一番必要なものはなんですか？」って。

岡田　ええっ、わかんないよー。主演と言えば桃李さんでしょ？

松坂　主演俳優に必要なもの？　なんだろう……。

柳楽　是枝（裕和）監督と（クエンティン・）タラン

ティーノ監督にも同じ質問をしたんだけど、やっぱり監督と俳優では視点が違うなって思うの。もちろん理解はできるんだけど。

松坂　主演は、俳優部の中で一番作品に携わる期間が長いかもしれないよね。プロモーションも含めて。お芝居はもちろんだけど、作品自体をお客さんに届けるという行為を最後までやり遂げる責任が必要とか……そういうこと？

岡田　責任感は確かにそうだよね。

柳楽　僕、その責任感がよくわからなくて、ちょっと悩んでるんだけど。やっぱり脇役で参加するほうが気持ちがラクじゃない。キャラクターそのものの責任だけを考えていればいいから。

松坂　そうだね。「自分に与えられた役を全うする」ってことにおいての責任だけだもんね。

岡田　主演だと、数字とか興行収入とか、いろいろ考えちゃうところはあるもんね。「それは役者が考える必要はない」って言う人もいるけど。

松坂　いるよね。だけど、（作品の）真ん中をやってる以上は考えざるを得ないっていうところもあるからな。

柳楽　そういう時ってどうするの？　ポジティブに「大丈夫っしょ」みたいな感じ？　それとも、「大丈夫かな。ちょっと不安だな」って思ったりする？

岡田　僕は、20代の時はすごく怖かったかも。現場に行きたくないくらいの感じになってた（笑）。

柳楽　ええっ、ほんとに？（笑）

岡田　だから、「30代は気楽にいこう」って思うようになったかな。「あんまり深く考えないように」って。

松坂　年齢のせいもあるのかな。確かに、作品以外の数字とかに対しては、20代の時より重荷の感じ方が薄まってる感じがあるかも。

岡田　『ゆとり』の話に戻っちゃうんだけど、『ゆとり』の時って、現場に行くのが本当に楽しかったんですよ。自分が脇で出る時って、主演の人が楽しそうにやってると、現場に行くのが楽しくなるんだよね。だから、自分が主演の時は基本的に楽しい現場にしたいなっていうのはある。楽しいっていうか、平和な感じというのかな。

松坂　確かに、連ドラの時は特にそうかもしれないな。「1話ゲストの人にも楽しく帰ってほしいな」って、自分が主演をやらせていただいている時にすごく思う。

柳楽　主演のいろんな責任を、どういうふうに自分の中に落とし込むかっていうことだよね。

岡田　あと、監督やプロデューサーと一緒に心中する覚悟っていうのかな。一緒に死にましょうよ、みたいな関係性が作り上げられるようになりたいとは思ってる。

柳楽　なるほどなあ。

岡田　やっぱり、仕事の話はこっぱずかしいね（笑）。

「好きなところ」「直してほしいところ」

——では軽い質問に移ります。それぞれ、「好きなところ」と「直してほしいところ」を教えてください。

松坂　じゃあ「直してほしいところ」からいく？

柳楽　えーっ、このふたり、欠点ないからなぁ。

——ほんの小さなことでいいですよ。

柳楽　あ、直してほしいところ、あった。ふたりともLINEがクールだから、絵文字とか使ってほしい（笑）。

松坂　あ〜、確かに全然絵文字使わないわ。「？」か「！」くらいだよね。

岡田　僕と桃李さん、淡白だもんね。「はい」「OKです」（笑）。

松坂　「わかったーー」とか（笑）。

柳楽　語尾がのびるだけ、みたいな。僕だけ絵文字をすごい使ってて、「自分だけ浮いてるな」って温度差を感じるのが寂しいんだよね（笑）。

松坂　全くそういうつもりじゃなかったんだけど、今度から使うようにする（笑）。

岡田　うん。

松坂　僕がゆうちゃんに言いたいのは、いきなり腰をくすぐってくるのをやめてほしい（笑）。あれ、びっくりしない？

岡田　めちゃくちゃするよ。

松坂　「ああっ！」っていう。

岡田　ゾワっとするやつね。

松坂　たぶん僕、ヤギーラからしか、くすぐられることってないと思う（笑）。

柳楽　ごめんごめん。反応が楽しいんですよね。「油断してたな」とか「こないと思ったでしょ？」みたいな（笑）。

松坂　岡田は、電話の声のテンションが低すぎて心配になる（笑）。

岡田　具合悪いのかな？ってくらい低いんだよね、僕（笑）。

松坂　全然いいんだけど、聞く側としては心配しちゃう時がある。「ど、どうした？」って。

岡田　気をつけます（笑）。僕は、直してほしいことじゃないんだけど、ふたりには3年に1回くらい共演してほしいなって思う。3人一緒はもちろん、ひとりずつでも。心の調整ができそうだから。

松坂　そういうの大事だよね。

柳楽　わかるわかる。僕も今日、みんなと話ができて調整されたもん。

松坂　自分のメンタルがちゃんと元に戻る感じがあるよね。それがたぶん居心地の良さを感じるひとつなんだろうな。

——では、「好きなところ」いきましょうか。岡田さんについては？

柳楽　ヘアスタイル。毎回おしゃれだよね。あと髪質。

岡田　クセっ毛なだけじゃん！

松坂　服装がおしゃれ。手がキレイ。

柳楽　指が長い。

岡田　全部外見！

柳楽・松坂　あはははは！

松坂　真面目に話すと、岡田はすごく思いやりがあるんですよ。自分よりも優先的に相手のことを考えることができるところが、いいなと思いますね。

岡田　中身、やっときた（笑）。

柳楽　外見と中身、両方きたね（笑）。

——松坂さんの好きなところはいかがですか？

柳楽　桃李くんはすごく優しい。SNSにみんなの集合写真を載せる時とかも、自分が違う方向を見ていても、隣に写ってる人がキマってるのを載っけてくれる。そういうのって性格出るじゃないですか。最高だなって思います。

岡田　僕は、大人で冷静に物事を見つめられるところかな。桃李さんにすごい相談しちゃうんですけど、なんでも聞いてくれるし、受け止めてくれる。そういうところが好きだなーって思います。

柳楽　安心するよね。

岡田　ちょっと前に言われたのは、桃李さんも僕に相談したいことがあるのに、僕の相談が長すぎてできない、って。そこは直そうと思ってます。

松坂　それは全然いいんですよ。話してきてくれるってすごく嬉しいし、ちゃんと答えたいなって思うから。

——柳楽さんの好きなところは？

岡田　ゆうちゃんは、大事な人をちゃんと守るところかな。あと、好きな人にはストレートに接してくれるところがすごい好き。

松坂　僕もそういうところかな。ストレートにガッとつかんでくれる感じ。芯が一本通っているところがすごく好きですね。

柳楽　いいね（笑）。ありがとうございます。

ロングランでつきあいたい

——では最後に。ご自身にとって、この3人はどんな存在か、おひとりずつお伺いしてもいいですか？

松坂　「これからもずっと、この関係性が続くかもしれないな」って思える人たちですかね。続いてほしいと願ってるし、続けたいとも思ってるし、続くだろうなとも思ってる。歳を重ねてじいちゃんになった時に、この3人でどういう話をするんだろう、とも思う。「歳取ったのぉ〜」みたいな。
柳楽　「のぉ～」やりたい。
松坂　「ワシらのぉ～」。
柳楽　「あれは何年前じゃ？」
岡田　「覚えとらん！」（笑）。
松坂　っていう関係性でいたいと思いますね（笑）。

――岡田さんはどうですか？

岡田　質問なんだっけ？
松坂　「自分にとって『ゆとり』の3人とは？」。
岡田　本当に、嘘なく、20代でやってきた作品の一番の宝物です。全然違う役でもいいから、またみんなで作品を作れるように、自分もまだまだ邁進していかないとなって思います。
松坂　また一緒に仕事することを、ひとつの目標にしたいよね。

――最後に柳楽さんお願いします。

柳楽　えーと、質問なんだっけ？
岡田　聞いちゃうよね。
松坂　だめだめ。「これだからゆとりは」って言われるよ！（笑）。
柳楽・岡田　ははははは。
柳楽　このふたりは、自分の感覚を整えてくれる人たちなんですよね。自分が悩んだり考えたりしていることに対して、意見をもらったり、共感してもらったりすると、ちょっと自信になるっていうか。一緒にいると元気になるんです。ワンアップする（笑）。だから、桃李さんが言うように「久しぶりじゃのぉ～」って、「のぉ～」を使って話せるくらいロングランでつきあっていけたらいいなって思います。
松坂　そうだね。ロングランでね。
柳楽　ぜひとも、今後ともお願いしますってことで。
松坂・岡田　お願いします！

YUMI'S CAMERA

photographs & text by OTOME YUMI

2016年から柳楽優弥を担当している
マネージャーによる、4年間のオフショットダイアリー

9

8

10

2

1

4

3

11

5

13

12

6

16

14

15

7

①②たいら（泰良）なやぎら ③おさななじみとのサッカー ④メイクさんに送り出されるニコニコまりぶ ⑤おさるなやぎら ⑥鬼の副長の裏側 ⑦初めての『いちごいちえ』で配ったうちわ ⑧『お母さん、娘をやめていいですか？』炒飯奉行
⑨『ディストラクション・ベイビーズ』台湾遠征 ⑩脱力系やぎら in 台湾 ⑪ゴールデン・ホース ⑫⑬台北金馬映画祭 ⑭⑮キネマ旬報ベストテン主演男優賞受賞 ⑯ファンの方々とともに過ごす1年に一度の大切な日

⑩

⑨

①

②

④

③

⑫

⑪

⑥

⑤

⑭

⑬

⑧

⑦

⑮

①ＪＲＡのＣＭ撮影現場の裏側 ②郡山の山ちゃんを探しに ③『散り椿』 ④『フランケンシュタインの恋』オーディオコメンタリー ⑤修学旅行風ショット ⑥やぎモン ⑦マヨラーな副長 ⑧『どちらを』で行った漁港にて ⑨モンゴルの都会
⑩まさに『ターコイズの空の下で』 ⑪モンゴルでのメイクはこうなります ⑫馬を乗りこなすタケシ ⑬『いちごいちえ』用に作ったTシャツ ⑭やぎら色 ⑮本当の『夜明け』

①無邪気なシンイチ ②撮影の合間に沖田さんとまったり中の土方さん ③誕生日は土方さんでした ④撮影終わりのひとコマ。おつかれさまでした！ ⑤着物も馬柄 ⑥ラバーガール大水さんとボーリング対決 ⑦美術さんの遊び心 ⑧釜山国際映画祭にて ⑨『WOWOW』やぎら画伯 ⑩KinKi Kidsさんとボーリング対決 ⑪『いちごいちえ』に来ていただいた皆様にやぎらさんからの差し入れ ⑫『CITY』の稽古

⑦

①

⑧

③

②

④

⑪

⑨

⑫

⑩

⑥

⑤

①東大和の王子参上 ②重三郎さんと北斎さん ③現場バッグがペンギンのやぎらさん ④In フィリピン ⑤龍から入って虎から出る in 台湾 ⑥15年ごしの初対面 ⑦続・脱力系やぎら ⑧『いちごいちえ』の「い」 ⑨いつの日か……
⑩やぎらyearのスタート！ ⑪やぎらトリオ ⑫フォトグラファー森さんと『やぎら本』撮影以来の再会 ⑬『HOUYHNHNM』撮影でのひとコマ

8

7

1

9

2

11

12

10

4

5

3

13

6

②

BEHIND THE SCENES

JRA CM撮影現場 密着レポート

2017年から出演しているJRAのCM。
競馬の楽しさとワクワクを伝えるCMは、いったいどのように撮影されているのか?
東京競馬場で行われた撮影現場を訪問してきました。

photographs by KENICHI SASAMORI

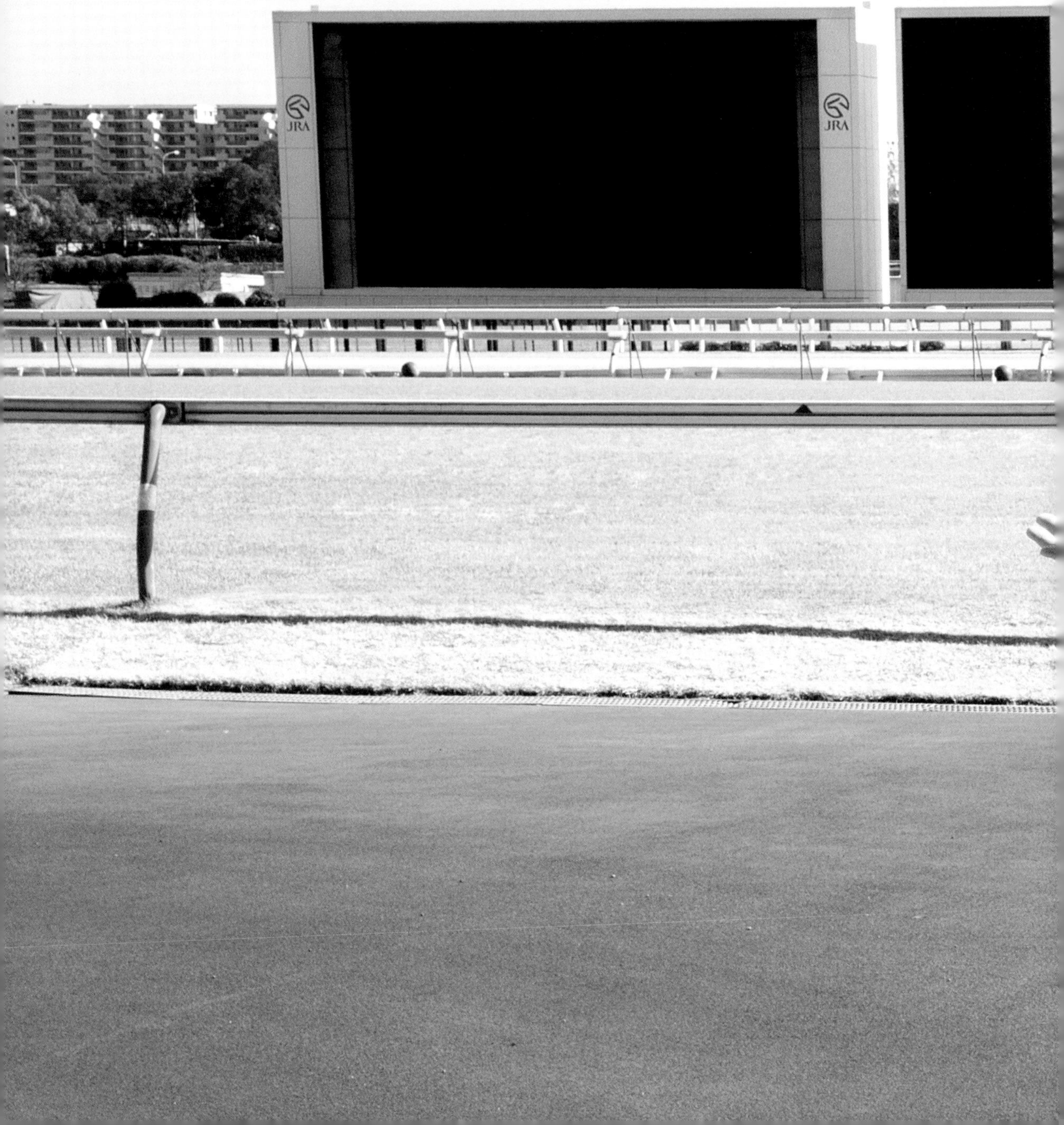

トキノミノル

お願い
この付近は大変混

CM撮影が行われたのは、ある日の東京競馬場。早朝からのスタートで少し肌寒いが、天気はすばらしい快晴。

そんな中、準備が整った出演者の皆さんが待機場所に集合して机を囲み、スタッフが今後の段取りについて説明。時折うなずきながら、真剣に聞く柳楽さん。その様子を「『やぎら本』カメラ」がこっそり撮影していると、カメラのシャッターを押すジェスチャーをしながら「すみません。今日は僕の単行本でパチパチ撮りますので」と解説してくれた。本番まで少し時間があるので、コーヒーを飲んで気合いを入れる(?)。

春物の衣装を着た大勢のエキストラがいるスタンド席に移動し、CM撮影スタート。15秒バージョン、30秒バージョンと、次々リハーサルを重ねて本番へ。何年もCMをともにしているメンバーなので、息ピッタリの台詞のかけあいを見せる。

公式ホームページで使用するムービー収録のために、パドック前へ。「競馬にまつわるクイズ」と「その答え」を、ユーモラスなジェスチャーを交えてコメントする柳楽さん。その様子はスタッフの皆さんが思わず笑ってしまうほどで、サービス精神満点だ。テンションを抑えたバージョンも収録したので、いったいどちらが採用されたのか、ぜひチェックを。

その後、昼休憩。「最近、自炊してるんですよ。一汁一菜にハマっていて」と言いながら、おにぎり、卵焼き、ポットに入れた味噌汁をテーブルに広げる柳楽さん。ものすごく美味しそう。「うん、うまい!」とペロリ。

この日の控室は、来賓用の特別室。通常は一般入場ができない部屋で、見晴らしのいい観戦席が直結している。「すっごく気持ちがいい部屋ですよね」と柳楽さん。せっかくなので、マークカードと記念撮影。

広告グラフィック撮影のため、ロビーへ。「3」のゼッケンをつけた競走馬のオブジェを見つけて「僕、(数字の)3が大好きなんですよ」と嬉しそう。

撮影では、シャッターを切るたびに表情をくるくる変える柳楽さん。さすがの勘の良さだ。

衣装をチェンジしたあと、次のCM撮影場所へ。中川大志さん、葵わかなさんと3人で出演するバージョンだ。スタッフが絵コンテとともに段取りを説明。

CM撮影スタート。驚いたのは、事前に台詞の読みあわせをしていないにも関わらず、リハーサルでいきなり「仲の良い仲間同士のかけあい」が完成していること。「競馬経験の長さが違う3人が、それぞれの持論をもとに意見を出しあう」というコミカルなやりとりが、阿吽の呼吸で進んでいく。15秒バージョン、30秒バージョンの撮影がスムーズに進んでいった。

朝から順調に撮影が進んだため、予定より早い時刻に全撮影終了! 監督から花束をもらい、スタッフ全員で大きな拍手。その後、コースをバックに『やぎら本』用の撮影をしたあと、帰宅準備のために控室へ戻ったのだった。

おつかれさまでした!

初めての舞台は、本番中ずっと深く呼吸ができない感じでした。

—インタビュー前編（P25）で初舞台の『海辺のカフカ』（12年）と映画『許されざる者』（13年）でモヤモヤしていた状態が吹っ切れたとおっしゃっていましたが、当時のことをおうかがいしてもいいですか？

「蜷川幸雄さんの舞台『海辺のカフカ』は、突然お話をいただいたんですよ。アルバイトをしていたので、バイトが終わって家のポストを見たら、準備稿が入っていて。蜷川さんとは台本をいただく前に一度お茶したことがあったんですけど、『LADY（〜最後の犯罪プロファイル〜）』（11年）というドラマを『観たよ』って言ってくださっていたんです。殺人鬼みたいな役でゲスト出演したんですけど、まさかそんな小さな役が『海辺のカフカ』につながるなんて思っていなかったので、すごいな！と思いました」

—蜷川さんは「この人とやりたい」って指名オファーをされる方ですもんね。

「そう。だから、すっごく嬉しかったです」

—生まれて初めての舞台はいかがでしたか？

「蜷川さんからめちゃくちゃ怒られました。『何言ってるかわかんねーよ！』とか、『声が小さいぞ』とか、『もっと（台）本読めよ』とか、すごい基本的なことしか言われてないですけど。『挨拶ちゃんとしろよ！』とか。まあ、挨拶はけっこうしていたんですけど（笑）」

—ははははは。

「怒られる波がくると、言われまくるじゃないですか。だから楽屋でずっと瞑想音楽をかけてました（笑）」

—無になるしかないっていう。

「どうしたらいいのか、わからなさすぎて（笑）。それまで悩んでいた『どうやって演技すればいいんだろう』という壁を目の当たりにしたし、自分の実力のなさを痛感しましたね。そうそう、ゲネプロも中止になったんですよ。たぶん僕が原因に絡んでるんですけど、何かがお気に召さなかったみたいで。でも、舞台の初日は無事に開いて、蜷川さんから『華々しい初日だったね』って言われました。アメとムチですよね（笑）」

—大勢のお客さんの前で芝居をするのは、どんな感覚でした？

「人が目の前にいて見られてるのは、めちゃくちゃ怖かったです。映像と全然違う、初めての怖さでした。なんて言うんだろう、本番中ずっと深く呼吸ができない感じというか……」

──「深く呼吸ができない感じ」というのは、その後に出演された舞台でも変わらないですか？

「いや、徐々になくなっていきました。ずっと緊張感があってもしょうがないし、先輩や（吉田）鋼太郎さんの後ろ姿を見て、いい意味での息抜きの仕方を覚えていきましたね。『ここはまだ緊張しなくてもいいんだな』と思ったり、あえて緊張していないふりをしてみたり。〝ふり〟って大事だと思うんですよ。ちゃんと自分の意識があるということだから。舞台はいまだに怖いですけどね」

──蜷川さんの演出で印象的だったことは？

「『蜷川さんは昨日言ったことと今日言ってることが違う』ってよく言われてたんですけど、ほんとに毎日違うんです。インスピレーションとか感覚というものを大切にしているから、蜷川さんの中で思い描いたものを俳優に指示するのではなくて、俳優の性格や人となりを見て、舞台上により良く存在するための演出をしてくれている気がしましたね。すごく期待してくれているのを感じましたし、こっちも頑張らないといけないな、と思いました。結果、劇評でもすごく褒めていただいて、好評のまま全公演が終わって。そのあと、映画『許されざる者』に出会うわけです」

──『海辺のカフカ』の1年後ですね。

「そしたら今度は、李（相日）監督から『舞台っぽい喋り方は好きじゃない！』って言われるんですよ（笑）。『そのハキハキした喋り方、今すぐやめろよ』とか。舞台の次は、映画の表現で厳しい監督にあたって、スパルタ教育されました」

──『許されざる者』はどのように出演が決まったんですか？

「最初にプロデューサーと李監督にお会いして、後日、監督とふたりきりで会って決定しました。飲食店のアルバイトをしている時に、バイト先から表参道の会場まで徒歩で行ったんですけど、バイトを2時間ぐらい休んで行ってるのに、決まるかどうかわからないじゃないですか。だから、最後に李監督から『聞きたいことある？』って言われて、『僕、使ってもらえるんですか？』って聞いたら、『それはこれから決めるんだよ』って怒られました（笑）。でもしょうがない、一番聞きたかったことだから」

──切実ですもんね。

「切実です（笑）。受からないならバイトを続ける必要があるから、落ちるんだったら今知りたいよ、と思って。でも質問したら怒られて、現場に入っても怒られて、怒られっぱなしでした」

──撮影はいかがでしたか？

「自分で演技プランを作って、『観てるお客さんに何か感じてもらえるお芝居はどうやってやればいいんだろう？』って、初めて考えた現場だったんです。でも、李監督からは怒られるんですよ。たぶん監督の中で合格ラインがあって、そのラインが高いんですよね」

──どんな演出をされるんですか？

「マジで怖いです。全然オッケーをくれなくて、何回も何回もテイクを繰り返すんですよ。（渡辺）謙さんと柄本（明）さんに会うという大事なシーンがあって、僕は酔っ払いながら馬に乗って落馬するっていう演技をしたんですけど、夜の10時に撮り始めて、そのまま朝の5時までずっと撮ってましたもん」

──えーっ！

「しかも1カットですよ？ びっくりしちゃいました。柄本さんと謙さんもいるのに、『やべー！』と思って。基本的に人に迷惑をかけたくないので、心苦しかったです」

──どんな演技が正解だったんですか？

「李監督は『なんか違う』って言うだけなので、わかんないんです。でも、今思うとたぶん自意識なんですよね。〝良く見せたい〟という気持ちが出てるっていう」

──テイクを何十回も重ねて、自意識が消える瞬間を狙うっていうことなんですかね。

「そうだと思います。相当追い込まれましたけど、とにかく李監督のオッケーをもらおうと思って、必死でやっていました」

──そういう時って燃えるタイプですか？

「燃えていましたね、『負けちゃいけない』って。そうしたら、最初は100テイクとかやっていたのに、クランクアップのシーンは1テイクでオッケーだったんです。撮影期間の1～2ヵ月でちゃんと成長できたんだなって思う」

──すごいですね。

「それからは、よりナチュラルな芝居ってなんだろう？って考えるようになりました。普段の生活どおりにナチュラル

よりナチュラルな芝居ってなんだろう？って考えるようになりました。

な芝居をしても、見て面白い芝居とは違うじゃないですか。映画の中で成立する自然な芝居が存在するわけなので」

――『許されざる者』の柳楽さんは、すごく評判が良かったですよね。

「『あの役は印象に残ってる』って言ってくださる方が多いので、李監督を信じて良かったです。それに、また僕のことを映画で観てもらえるきっかけになった作品でもあるので、ありがたかったですね」

――大きな評価がついてきたことで、「このもがき方で正解だったんだ」と思えたりしましたか?

「思えました。それまでは、『どうやってまたみんなの前に出ればいいんだろう』って模索してましたけど、『いけるな』と思ったというか。僕が最高な俳優になればいいんだ、という極論を自分の中で見つけられたし、『とにかく脇を増やしていこう』とか、その後のビジョンが明確になりました」

――『許されざる者』が公開された1年後には、『アオイホノオ』(14年)でドラマに初主演されます。

「『アオイホノオ』との出会いも大きかったです。ドラマ初主演ということは、あんまり意識していなかったんですけど、散々怒られたあとの作品ですから、自分の中のモチベーションが半端じゃないわけですよ。最近になって福田(雄一)監督はあまり細かく演出をつける方じゃないっていうことがわかったんですけど、当時は〝監督は全員怖い〟と思ってたから、とにかく蜷川さんや李監督から言われたことを意識して臨みました。必死だった僕の状況が焔(モユル)くんのキャラクターと重なっているから、今観ても面白いなって思います」

――『アオイホノオ』はコアなファンも多くて、すごい人気でしたよね。

「やっぱり、作品って出会いなんだなって思いました。もともと人を笑わせることが好きでこの仕事を始めたんですけど、この作品で初めて叶ったんですよね。シリアスな作品だけじゃなくてコメディもやるんだと知ってもらえたことで、俳優として生きていく上で、すごく居心地が良くなったんです。コメディな部分を開花させてくれたあのチームにも感謝していますね」

――その後の20代中盤からは、朝ドラ、大河ドラマ、メジャー映画、インディペンデント映画と、本当に幅広い作品に出演されていますね。

「10代の時に『そんなに大きな賞を受賞しちゃったら、もう脇役できないね』って言われたことがあって、僕の中でコンプレックスだったんです。それをぶち壊そうと思って、20代は積極的にいろいろと挑戦しました。主役も脇役

プロデューサー・柳楽が、俳優・柳楽優弥のことをずっと考えています。

もやるし、等身大の演技もクセのある演技もするし、作家性の強い作品から漫画原作の映画までエネルギッシュに出続けて、両方とも成立させてやろうと思っていました」

――実際、『ディストラクション・ベイビーズ』（16年）で数々の主演男優賞を受賞する一方、『銀魂』シリーズでは土方十四郎役で女子にキャーキャー言われていて。それぞれで爪痕残していますからね。

「そうなんですよね（笑）。なんて言ったりして」

――メジャーとインディペンデントを自在に行き来しているのが柳楽さんのすごさですが、たまたまではなく、明確なビジョンがあったんですね。

「そうなんです。昔から、プロデューサー・柳楽が、俳優・柳楽優弥のことをずっと考えているんですよね」

――プロデューサーの自分と俳優の自分が、ふたりいる感じなんですか？

「そう。たまに混じっちゃうんですけど（笑）、今はきれいに分かれてます。実はけっこう考えるタイプなんですけど、普段はあんまり表には見せないようにしていて。でも、これは僕の本なので言っちゃいます」

――プロデューサーの柳楽さんから見て、「柳楽優弥」とはどんな俳優だと思いますか？

「そこそこ面白い俳優だなと思います（笑）。叶えたい目標が次々出てくるので、ずっと一生懸命ですよね」

――なるほど。

「でも、どうしてもうまくいかないのがバラエティ番組。バラエティは本当に大好きで、出たくて仕方ないんですけど、いざ出演すると自分は向いてないんだということを痛感しちゃうんですよ。バラエティでは全く自己プロデュースができないですし、いつも舞台一本分ぐらい緊張します」

――出演作品は柳楽さんが選んでいるんですか？

「そうですね」

――何を基準に決めていますか？

「自分が心から参加してみたいなって思える作品ですね。『この現場でこういうことがやりたい』ってアイデアが浮かぶ作品とか。あとは、やっぱり監督ですね。『ディストラクション・ベイビーズ』も、台本では説明的なところが一切ないし、エンターテインメント寄りな作品ではないから、成立するのかなって思ってた人もいると思うんですけど、真利子（哲也）監督の熱量に惹き込まれるところがあったというか。僕は基本的にリードされたい人なので、信頼できる監督と1～2ヵ月一緒に過ごせると、ほんとに充実した時間だったなって思います」

——今後はどんなビジョンがあるんですか？

「30代と40代で見据えている具体的なビジョンは内緒にしておきたいんですけど、世界に通用する力をつけて、憧れのソン・ガンホやアル・パチーノ、ブラッド・ピットやレオナルド・ディカプリオのようなムービースターになりたい。それは心に決めていますね」

——これまでいろんな波があったと思いますが、精神的にきつかった時期はどんな経験として残っていますか？

「そうだなぁ。もちろん今は乗り越えてるんですけど、本当にきつかったので、あの頃のような気持ちはもう味わいたくないと思いますね。でも、人ってずっといいテンションをキープできるわけじゃないから、大なり小なり波があると思うんです。10代の頃はまわりの人に迷惑をかけちゃったという自覚があるので、もっと挽回していきたいですし、これからもいろんなことがあると思いますけど、自分を見失わないようにする強さを意識していきたいなと思います」

——バイオリズム的に落ち込むことは誰しもあることなので、柳楽さんを見て勇気が出る方がいると思うんですよね。乗り越え方のヒントになると思うので、もう少しだけ掘り下げてもいいですか？

「それで言うと、どう考えても僕のキャリアは変わってるんですよ。ありがたいデビューをさせてもらったけど、その状況をキープさせることが無理になってしまって、自分の中でリセットした時期があって。その時に絶対的に思っていたのは、『どうやったら這い上がっていけるんだろう』ってことだった。そこで迷いながらいろんなことを探ったけど、結局は、一日一日を積み重ねていくことが一番大事だったんです。ストレスで太っちゃったところを、痩せる

一日一日を積み重ねていくことが一番大事だった。

とか。気分的に落ち込みやすかったから、外に出て走るとか。全然気分が乗らなくても、無理やり身体を動かしてみるとか。振り返ってみると、地道にいろいろやったんですよね。人って、何かを成し遂げたいと思う時に、自分の中で誓いを立てると思うんですよ。僕はとにかく〝ムービースターになりたい〟ということを自分の中で決めちゃったので、それを目指して本気でやってきた。過去のことを話してるから多少は美化してると思いますけどね」

——なるほど。

「僕はその時期、映画『シンデレラマン』を観て支えられてたんですけど、落ち込んだ人が本気で必死に生きてる姿は人に刺激を与える可能性があるなって、最近思うんです。僕はまだ30歳だし、これからもいろいろあると思うから、あんまり大げさに人生のことを語りたくないですけど、面白いキャリアということで刺激を感じてくださるなら、是非とも感じてもらいたいと思います。そのためには、これからもずっと本気で頑張んないといけないなと思います」

——振り返ってみて、どんな20代を過ごしたと思いますか？

「今、僕は30歳ですけど、20代前半の俳優の方たちと共演させてもらうと、キラキラした感じがあってすごくうらやましいんですよね。僕はその時期太っていましたから（笑）。その年代の方たちと話していると、どうしても『自分が20代前半の時ってどうしてたっけ？』って思い返すんです。僕はキラキラした映画には出演できなかったけど、蜷川さんに22歳でお会いできていたり、素晴らしい監督やスタッフさんに出会えていて、僕が歳を重ねても支えられている気持ちになるような経験ができているんですよね。いろんな出会いが、しっかりと自分の中で残っている。そういう感じかな」

——そうなんですね。

「あと、カンヌ国際映画祭だけじゃなくて、『許されざる者』でヴェネツィア国際映画祭に行けたり、『ゆるせない、逢いたい』（13年）と『夜明け』（19年）で釜山国際映画祭に行けたり、他にもドバイとかドイツとか、いろんな映画祭に参加できたから、ラッキーだったなって思います」

——海外の映画祭に参加するのは特別ですか？

「誰かに聞いたことがあるんですけど、サクセス・メモリーって人を支えてくれるんですって。やっぱり、自分の大きな成功体験みたいなものを映画の一作目で経験してるから、『またやりたい』って気持ちになるんですよね。もちろん、簡単じゃないんですけど」

――**演技に対する考え方は、どんなふうに変わってきましたか？**

「最近は20代前半の頃の『できない』という悩みとか、迷いみたいなものはないですね。でも、最近よく思うのは、過去に出た映画のイメージが味方してくれるように感じるんですよ」

――**というのは？**

「たとえば、『ディストラクション・ベイビーズ』に出たことによって、本当の僕も凶暴な人なんじゃないかと思われるから、狂気のある役柄を演じる時に現場の空気が味方してくれるっていうのがあって。これは、まだ発展途上だった時――もちろん一生発展途上なんですけど、もっと砂漠地帯みたいな、僕の脳みそになんの建物も立っていない状態だった20代前半の時には感じられなかった感覚なんですよね」

――**今はもっといろんな建物が立っていますもんね。**

「そう思うと、やっぱりもっともっと、いろんなことをやりたい。いろんな役も演じたいし、英語でも中国語でもやりたいし、なんでもいいんです。とにかく30代は、20代で築き上げたものを土台にして、日本から世界までいろんな舞台に行きたいですね」

――**20代で蓄えたものを放出する時期ということですね。**

「そうですね。これまでも、いろいろな監督や作品にうまく使っていただけたし、本当に幅広い仕事ができて良かったなって思いますけど、まだまだ20代の話ですから。先輩方のウィキペディアを見ると、勢いがあるのはこれからですからね。世界を目指しながら、日本のエンターテインメントにもずっと関わっていきたい。そして、誰が見ても『ああ、これはもうムービースターだね』っていうところまでいきたいですね」

――**では最後に。どんな30代にしたいですか？**

「僕の目標は俳優に関わることしかないので、そこは20代と変わらないと思いますが、ひとつひとつ着実に前進していきたいです。あとは、本当に応援してくださる方がいるからこそ、今の自分があるので、ファンの方たちに『なんか柳楽を応援してると面白い』と思っていただけるような作品に関わっていきたいと思います」

20代のいろんな出会いが、今の自分を支えてくれている。

YUYA YAGIRA: FILMOGRAPHY

柳楽優弥 フィルモグラフィー handwriting by YUYA YAGIRA

2003

テレビドラマ
クニミツの政（7月1日～9月9日）

13歳の僕 初めて出演したドラマです！

2004

テレビドラマ
電池が切れるまで（4月22日～6月24日）

好きなドラマだよ。

映画
誰も知らない（8月7日）

初めてのフランスでトロフィー貰ったよ！

Vシネマ
岸和田少年愚連隊 ゴーイングマイウェイ（9月25日）

初めてVシネに出演したよ。

2005

映画
星になった少年 Shining Boy & Little Randy（7月16日）

この時 象使いのライセンス取得したよ。

2006

映画
シュガー&スパイス～風味絶佳～（9月16日）

初めてのキスシーン頑張ったよ！

2007

映画
ジーニアス・パーティ「BABY BLUE」（7月7日）

初めての声優DAYO！

2009

映画
包帯クラブ（9月15日）

石原さとみちゃんと
田中圭くん達
との撮影
凄く楽しかったよ！

映画
戦慄迷宮3D THE SHOCK LABYRINTH（10月17日）

2010

映画
すべては海になる（1月23日）

テレビドラマ
TOKYO23～サバイバルシティ（9月4日～10月2日）

少しだけ
悩んだ時期
だよ。
だいぶ太ったよ！

2011

テレビドラマ
LADY～最後の犯罪プロファイル～（1月28日・2月4日）

完全に
痩せたよ。

Webドラマ
ブリザード（7月1日～）

この間で
バイトを通して
違う価値感
Getしたよ。

2012

舞台
海辺のカフカ（5月3日～20日・6月21日～24日）

初舞台
いい人に
沢山会えたよ！

2013

テレビドラマ
ガリレオXX 内海薫最後の事件 愚弄ぶ（6月22日）

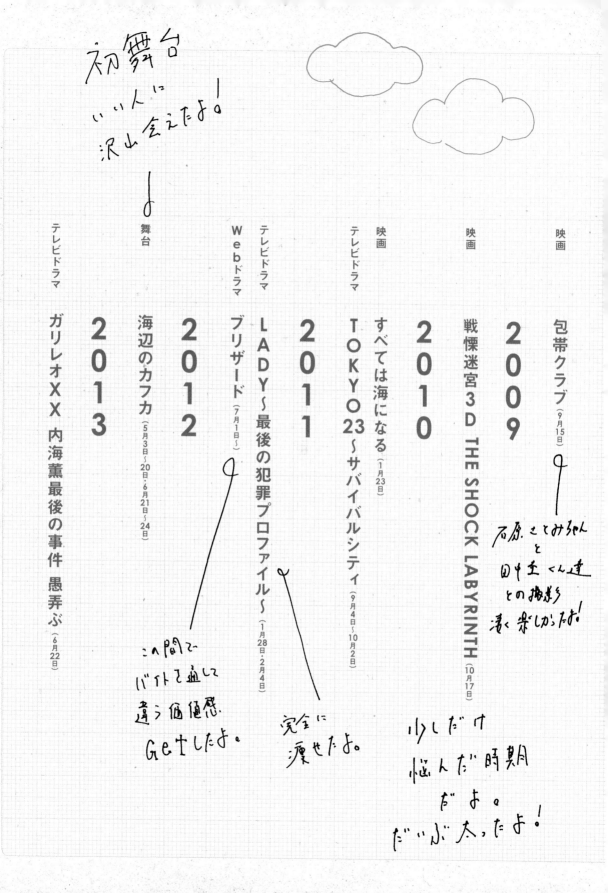

映画 爆心 長崎の空（7月13日）

初めて長崎で撮影したよ。凄くいい場所。

映画 許されざる者（9月13日）

李監督から厳しい演出を受けて死ぬかと思ったよ。☆☆

ヴェネツィア & プサン 映画祭に行けたよ！

映画 ゆるせない、逢いたい（11月16日）

プサン & マラケシュ(モロッコ)映画祭に参加したよ！

2014

舞台 金閣寺 The Temple of the Golden Pavilion（4月5日～19日）

精神的にキツかったよ。

映画 クローズEXPLODE（4月12日）

かっこいい役柄だったよ☆

映画 闇金ウシジマくん Part2（5月16日）

テレビドラマ アオイホノオ（7月18日～9月26日）

初コメディ作品で楽し過ぎたよ！

テレビドラマ 信長協奏曲（10月13日）

切腹俳優って言われたよ。

映画 最後の命（11月8日）

2015

テレビドラマ まっしろ（1月13日～3月17日）

テレビドラマ 連続テレビ小説「まれ」（5月16日～）

初めての連続テレビ小説。出演できて本当に嬉しかった作品だよ！

運命よそこをどけ、俺が通る　MJ

ヤギラの名言じゃないよ
マイケルジョーダンのだよ。

舞台
NINAGAWA・マクベス（9月7日〜10月3日）

ニナガワさんと二回目の舞台！幸せだったよ。

映画
合葬（9月26日）

ホンマに切腹俳優や。って言われたよ。@京都

2016

映画
ピンクとグレー（1月9日）

テレビドラマ
ゆとりですがなにか（4月17日〜6月19日）

最高な仲間と出会えたよ。

映画
HK 変態仮面 アブノーマル・クライシス（5月14日）

映画
ディストラクション・ベイビーズ（5月21日）

ロカルノ映画祭で賞を獲ったよ！

映画
任侠野郎（6月4日）

テレビドラマ
勇者ヨシヒコと導かれし七人（11月25日）

猿になったよ

2017

テレビドラマ
お母さん、娘をやめていいですか？（1月13日〜3月3日）

これがお話だったよ。。

テレビドラマ
大河ドラマ「おんな城主 直虎」（4月23日〜）

柴咲さんのファンだよ。

みんなが龍雲丸好きっていってくれて嬉しいよ。

テレビドラマ
フランケンシュタインの恋（4月23日〜6月25日）

Gの君が誕生日にサングラスくれたよ。

岡田将生くん
松坂桃李くん
安藤サクラちゃん
仲野太賀くん
矢本悠馬くん
みんな大好きだァ――!!

奥田瑛二さん凄くかっこよかったよ。
美味いご飯も連れてってくれたよ。
感謝!!。

テレビドラマ
ゆとりですがなにか 純米吟醸純情編（7月2日・9日）

Webドラマ
山岸ですがなにか（7月2日～23日）

映画
銀魂（7月14日）

Wow
人気キャラ
かっこいい男
ニコチン中毒

ヒジカタ
ヤッタヨ。

Webドラマ
銀魂 ―ミツバ篇―（7月15日～）

2018

映画
銀魂2 掟は破るためにこそある（8月17日）

Webドラマ
銀魂2 ―世にも奇妙な銀魂ちゃん―（8月18日～）

WoW!
人気キャラ!
ニコチン中毒
&
オタク

ヒジカタ ト トッシー
ヤッタヨ。

映画
響 ―HIBIKI―（9月14日）

平手さんは
天才だと
思ったよ。

映画
散り椿（9月28日）

テレビドラマ
今日から俺は!!（10月28日）

局ちがっても
関係ないって
言われたよ!

2019

テレビドラマ
母、帰る～AIの遺言～（1月5日）

映画
夜明け（1月18日）

プサン映画祭
で
カントクと沢山
飲んだよ!
また飲みに行きたいよ。

Super movie star

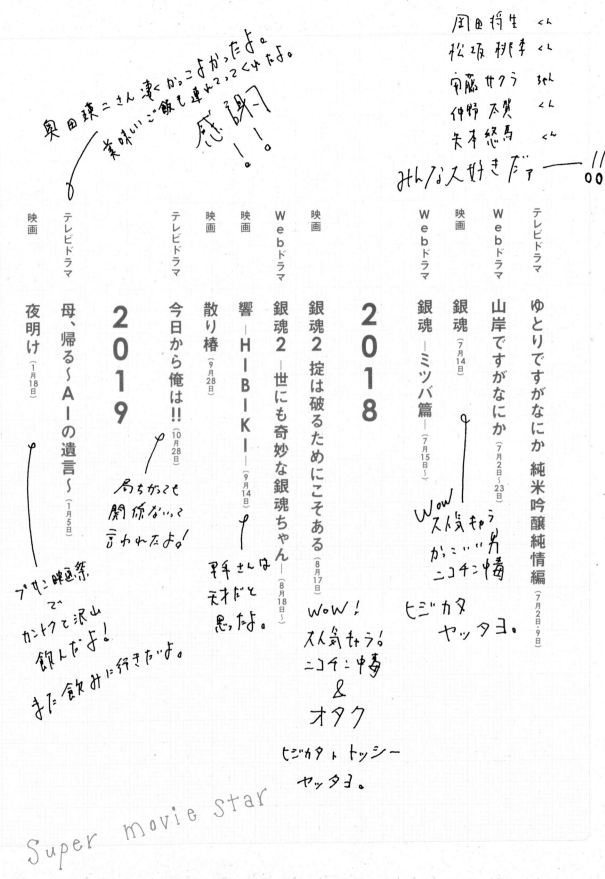

ドイツ マンハイムの映画祭で賞をもらったよ。

カンヌ短編部門に出品したフランス語のタイトルがいまだに気になってるよ。

映画 映画ドラえもん のび太の月面探査記（3月1日）

NY留学中！ 子供達のヒーローになれる気がしたよ。

短編映画 どちらを（4月6日）

舞台 CITY（5月18日〜26日・5月29日・6月1日・2日）

出待ちしてくれる皆と会えて少し話せて本当に嬉しかったよ。

いつも アリガトウゥー♡

映画 泣くな赤鬼（6月14日）

いい作品だから見て！

映画 ザ・ファブル（6月21日）

暑さとアクションした日々を忘れない。

2020

テレビドラマ 有村架純の撮休（4月10日）

映画 今日から俺は!!劇場版（7月17日）

キャラ変わったよ。 キャラ変もOK 凄い映画DAYO！

テレビドラマ 太陽の子（8月15日）

全てが最高な作品だった！ やぎらNEW STAGE 1本目！ 是非劇場版も見て欲しいよ。

2021（予定）

映画 ターコイズの空の下で

KENTARO監督は本当に最高。彼の人柄を皆に知ってもらえるのが楽しみだよ♪

映画 HOKUSAI

大好きな映画です。 皆様お楽しみにしていて下さい。 キャスト凄過ぎる。

テレビドラマ 二月の勝者―絶対合格の教室―

井上さんと加藤さんやこの作品に関わる全ての方々と絶対に最高な作品を作ります。

2020.3.26

YUYA YAGIRA'S 30th BIRTHDAY

photographs by SAKI OMI

making of YAGIRABON photographs by STAFF

おわりに

13歳でデビューして、今年で30歳。

俳優をやる前より、俳優をやっている時間のほうが長くなってしまいました。


僕は器用に振る舞えるタイプではありません。

ファンの方々やまわりのスタッフのおかげで、俳優としての夢を追うことができているんです。


芝居は大好きですが、考えすぎて心が折れそうになる瞬間があります。

そんな時は、応援してくれる皆さんの言葉で復活しています。

いつもありがとうございます。


『やぎら本』は生まれて初めてのパーソナルブックです。

自分の意見も出しながら、スタッフのみんなと一緒に1冊の本を作る工程はすごく楽しかった。

改めて、自分はモノ作りが好きなんだなと実感しました。

この本の企画を通じて、たくさんのことを思い起こしたし、
20代までの自分のキャリアが少し整理されたような気持ちです。

自分で言うのもなんですが、いい本ができたんじゃないかな。

1本の映画を観るのと同じぐらいのウェイトで、柳楽がつまった本になっていると思います。


これからはいよいよ30代。僕のピークはこれからです。

夢と目標を叶えて最高の景色が見られるよう、引き続き地道に頑張ります。

みんな、一緒に見ようぜ！

柳楽 優弥

Photograph:
佐野方美[KiKi inc.](HOMECOMING)
広川智基(柳楽優弥 × 是枝裕和 インタビュー)
森 栄喜(BEDTIME STORY)
中野敬久(柳楽優弥 × クエンティン・タランティーノ インタビュー)
石田真澄(IN TAIWAN)
TAKAY(IN NEW YORK)
豊田エリー(IN PRIVATE)
YAMA 山添雄彦(柳楽優弥 × 岡田将生 × 松坂桃李 インタビュー)
笹森健一(BEHIND THE SCENES JRA CM撮影現場 密着レポート)
尾身沙紀[io](YUYA YAGIRA'S 30th BIRTHDAY)

Styling:
長瀬哲朗[UM]
Kenta Miyamoto(IN NEW YORK)
大石裕介[DerGLANZ](岡田将生)
伊藤省吾[sitor](松坂桃李)

Hair & Make-up:
佐鳥麻子
勇見勝彦[THYMON Inc.](柳楽優弥 × 是枝裕和 インタビュー)
Tadayoshi Honda(IN NEW YORK)
中西樹里(岡田将生)
AZUMA[MONDO artist](松坂桃李)

Coordination: 洪瑋伶　洪韵筑

Edit in Chief & Text: 上田智子
Design: 古田雅美[opportune design Inc.]
Printing Direction: 富岡 隆[トッパングラフィックコミュニケーションズ]

Chief of Artist Management: 山下 優[STARDUST PROMOTION]
Artist Management: 弓 乙女[STARDUST PROMOTION]
Planning & PR: 藤井愛子[SDP]
Edit: 海保有香　田所友美[SDP]
Sales: 川﨑 篤　武知秀典[SDP]
Special Adviser: 田口竜一[STARDUST PROMOTION]
Executive Producer: 藤下良司[STARDUST PROMOTION]

Special Thanks to
分福
博報堂
彩の国さいたま芸術劇場
熊谷喜一[ヘッドクォーター]
丹波あかね
後藤 優[ソニー・ピクチャーズ エンタテインメント]
高雄市輪船股份有限公司
高雄捷運公司
打狗英国領事館文化園区
渡船頭海之氷
漢來大飯店
駁二芸術特区
厚得福湯包麺食専売店
Taiwan　JRA

Costume Coordination:
[柳楽優弥]
DESCENTE PAUSE
GALERIE VIE
LIBERUM

[岡田将生]
IKIJI
Paraboot

柳楽優弥
YUYA YAGIRA 30th ANNIVERSARY BOOK
やぎら本

発行　2020年9月20日　初版 第1刷発行

著者　柳楽優弥
発行人　細野義朗
発行所　株式会社 SDP
〒150-0021 東京都渋谷区恵比寿西 2-3-3
TEL 03(3464)5882(第一編集部)
TEL 03(5459)8610(営業部)
ホームページ http://www.stardustpictures.co.jp
印刷製本　凸版印刷株式会社

ISBN978-4-906953-82-0